跨界创新

原理、方法与实践

刘辉 著

人民日报出版社

目录

引言：跨界创新是我们时代的必答题 / 001

第一章　跨界创新面面观 / 013

一、跨界创新的缘起 / 015

　1. 东西方科技发展的分野 / 015

　2. 李约瑟难题的由来与解决 / 017

　3. 钱学森之问对李约瑟难题的回答 / 020

二、跨界创新的意义 / 025

　1. 跨界创新是人类进步的原力 / 025

　2. 跨界创新构建连接世界的认同体系 / 027

三、跨界创新的定义 / 032

　1. 什么是界 / 032

　2. 什么是跨界 / 039

　3. 什么是跨界创新 / 045

第二章　跨界创新的理论基础　/ 055

一、科学共同体推动范式革命　/ 057

二、社会共同体决定科学共同体的开放程度　/ 063

三、跨界创新链：创新的动源与过程　/ 069

四、跨界创新共同体：综合竞争力的扩力器　/ 075

五、认同理论是跨界创新的基础　/ 081

第三章　跨界创新的方法　/ 087

一、跨界创新的要素　/ 089

 1. 现实中的"共同体"现状　/ 089

 2. 实现跨界创新的关键条件　/ 095

 3. 实现跨界创新的五个阶段　/ 101

 4. 推动跨界创新的平台　/ 110

 5. 组织结构是跨界创新的核心　/ 121

二、跨界创新的思维方式　/ 133

 1. 人类的心智模式　/ 133

 2. 跨界创新的基本思维要求　/ 137

 3. 跨界创新需要发散式思维　/ 141

 4. 跨界创新需要收敛式思维　/ 153

三、跨界创新的推演方法　/ 158

 1. 冰山模型法　/ 159

 2. 九宫格分析法　/ 161

3. 头脑风暴法 / 163

4. 世界咖啡法 / 165

5. 六顶思考帽法 / 166

6. 九型人格法 / 168

7. U 型理论法 / 170

8. 认同理论法 / 171

9. 思维导图法 / 172

第四章　跨界创新的实践案例 / 175

案例1　中纺院浙江分院创新发展模式 / 177

案例2　中国交通类移动终端基站信令的价值与应用 / 186

案例3　中国现代农业与农业跨界创新 / 197

案例4　钱学森空间技术实验室的科研特区 / 210

案例5　惯容器的跨界创新及其应用 / 217

案例6　测绘地理信息技术的跨界创新、服务与应用 / 227

参考文献 / 244

引言

跨界创新是我们时代的必答题

各种各样的界

我们生活在各种各样的界里面，这些界既是我们的屏障，也是我们的局限。早期的人类虽然不会造房屋，但是他们知道寻找或是挖掘洞穴来存身。在洞穴里面会更加安全和温暖，但是也就更难观察和了解外部的情况。后来开始建造各种高宅大院或是茅屋蜗居，不同的界成了等级和身份的象征。再后来中国人修了世界上最伟大的界——长城，成为国家和民族的屏障，但是也成为南北民族对立的标志。

现代社会的界开始从现实世界向虚拟世界扩展，我们会设置各种各样的密码，来保护自己的财产或隐私。电脑也有各种各样的防火墙，来保护我们的系统不受外部黑客的攻击。当然更加普遍的是人和人之间的心理之界，它在保护自身安全的同时也摧毁了相互之间的信任。虽然我们每天被各种界限制，虽然我们感觉到了界的不自由，但是我们依然沉浸其中，不能自拔。这些界构成了我们行动中的各种界限，这些界限强化了我们和外部的分别，逐步形成了内心的界限。

在人类早期，由于生产力、地域和交通的限制，人们被困在各种各样的界里面。在行动上既不能上天，也不能入地，甚至没有基本的人身自由。在思想上更是受各种清规戒律的约束，把自身的命运交给神灵或是别人来掌握。这种界的存在是一种压迫，也是一种归宿，身临其中的人根本没有跨界的想法和勇气。

跨界是人类发展的必经之路

大禹的父亲鲧治水主要依靠堵，通过建立各种界来限制洪水的泛滥。虽然鲧有息壤作为法宝，能够随洪水而提高，但是也带来了更大的后患。首先是洪水的升高伤害了生活在低处的百姓，其次息壤的资源并不是没有限制的，最终的结果是形成了更大的灾难。

虽然个人的界难以跨越，但是人类作为一个整体却在不断地跨界。不同种族的人类在自己活动范围内繁衍和进化，形成了自身独特的历史和文化。当人类彻底解除了地球上其他物种的威胁之后，人类自身的战争成为历史的主旋律。在财富、人口和土地的驱使下，人类开始不远万里地进行征战，这些征战给人类带来灾难的同时，也促进人类逐步成为一个相互关联的整体。正如亚历山大大帝所说："把战争带给亚洲，把财富带回希腊。"人类早期的交往是充满危险和血腥的，这也是人类从野蛮走向文明历程中的重要一课。

对于一个国家和民族而言，虽然和其他国家的接触是危险而血腥的，但是偏安一隅的思想和做法更加危险，这只能使自己成为别人的猎物。伟大的民族和国家都是在不断开放和流动中成长，封闭保守必然会带来政治和经济全方位落后，最终导致灭顶之灾。不同民族的发展有着辉煌的历史，也有着屈辱的历史，我们可以看到屈辱和辉煌之间的差异，都是与选择了开放或封闭有关。

在当今全球化竞争的时代，国际交流与合作是一个必然的选择。中国改革开放四十年来，尤其是加入 WTO 之后，经济和科技都有了巨大的发展。这是党和国家正确决策的结果，也是人民努力奋斗的结果，更是融入世界发展大势的结果。四十年的成绩充分证明了突破各种思想和行动上的束缚，对于生产力的解放具有重要的意义。

跨界和创新的联系

在人类发展的历程中，跨界和创新是结伴而行的。在无神论者看来，在人类出现以前，地球上万物的进化虽然有规律可循，但基本上是无意识主导的自然进化。人类出现改变了进化的进程，将无意识的行为变得越来越有明确的方向，我们将人类这种有意识的探索和进化称为"创新"。在人类的早期阶段，每一步创新都是艰难的，也是伟大的。从使用工具到制作和携带工具，从采摘捕食到畜牧农耕，人类走出了一条不同于其他生物的发展之路。语言文字的出现，使得人类文明得以积累和传承，人类的进化不再局限于自身功能的改进，而扩展到对外部世界的认识和改造。

随着生产力的提高，人类社会产生了分工和合作，人们得以从事专门的工作，将每一件事情做得更加娴熟。亚当·斯密在《国富论》①中提出了社会分工的优越性，推动了社会发展的专业化和创新。凡事有利有弊，专业分工把跨行业、跨专业、跨区域、跨部门变成一件很稀缺的事情，更难以进行深度地交流和合作。现代社会分工越来越细，大家沿着自己的行业和专业深入研究下去，形成了各种科学和社会上的壁垒。只有少数学科因为实践性比较强，才会学习和应用跨学科的知识。

不仅仅是分工本身形成了不同的界，分工导致的思维上的变化，使得人们思维上也产生了界，这些界无时不在提醒我们不要越界，否则就是不务正业，就要受到惩罚。当有人突破这些界限的时候，他们就实现了跨界；当这些跨界成为创新的源头，形成了新的边界的时候，我们就看见了跨界创新。

当前国家之间的竞争很大程度上是科技的竞争，尤其是在我们和主要发达国家还存在一定差距的情况下，推动科技领域创新必然是一项重要的工作。中国科技发展的优势和劣势是什么？如何推进中国的科技创新？如何利用科技创新推动社会发展？怎样实现弯道超车？这一系列的问题都需要答案。

首先是学科的跨界，2017年清华大学成立了智能无人系统研究中心、智能网联汽车与交通研究中心、柔性电子技术研究中心三个跨学科交叉科研机构。这三个中心都不是在传统的院系体系下，而是跨院

---

① 《国民财富的性质和原因的研究》（简称《国富论》），作者亚当·斯密，阐述了分工及其原因、特性；货币、商品价格、劳动和资本、土地、金银等。亚当·斯密"看不见的手"在经济学界的地位就像牛顿的万有引力定律一样，《国富论》至今对经济学都影响深远。

系共建。

什么是"跨学科交叉科研"？其实就是跨界创新。当前过度的分工已经导致了知识和组织的碎片化，影响了不同领域的创新协同。只有通过打破学科之间的壁垒，才能将碎片化的知识更加体系化，形成科技创新的合力。

技术跨界的内核是思维的跨界，2017年在清华大学人文与社会大类本科新生开学典礼上，中文系教授格非作为教师代表发言，他说："我觉得一个人，假如说他把自己局限在一个自我意识始终很舒服的境况里边，把自己封闭在很狭窄的知识门类或专业当中，是很成问题的。不管你是否乐于接受，那种偏安于知识的一隅而孤芳自赏的时代，已经彻底结束了。"[1]

跨界创新不单是科技领域的问题，而是一个社会整体的运行场域问题。如果没有从思想层面的跨界为起点，就不会达到科技领域创新的终点，跨界创新需要思想和行动的一致。

跨界创新的定义

什么是"界"？一切限制人们思想和行动的事物都称为界。有物理的界，也有精神的界，有经济的界，也有文化的界。我们的社会秩序就是依靠这些界来维护，我们的行为就是依靠这些界来规范。

---

[1] 清华大学中文系教授格非作为教师代表在人文与社会大类2017级本科新生开学典礼上发言。

什么是跨界？界维护着秩序，但是环境在不断地发展变化，有些积极的秩序，转眼就变成了阻碍社会发展的秩序。就像早期康有为[①]、梁启超[②]的思想是积极的革命力量，但是后期他们保守的行为就成了消极的力量。所以社会发展的过程就是一个不断地建立边界，然后打破边界的过程，这种对旧边界的超越和打破过程就是"跨界"。

跨界有风险，所以需要一定的动力。这种动力可以来自外部需求，也可以来源于内在的追求，譬如去发现更广阔的世界，也可以去发现更完美的自己，甚至去创造更美好的未来。

什么是跨界创新？就是在超越旧的秩序的同时，创造一个新的秩序。牛顿超越了亚里士多德，爱因斯坦超越了牛顿，他们的跨界不但超越了旧秩序，更重要的是建立了新秩序。这种将超越和建立融合的过程才算得上是跨界创新。

在传统的创新分类中，我们只有原始创新、集成创新和二次创新，这是基于创新的不同形式而言的。跨界创新是一种不同的命名方式，把创新从单纯的学科意义上解放出来，从创新的全要素进行定义。

跨界创新的基础是认同理论，世界是由不同局部组成的一个整体。没有任何人和国家可以包揽所有的创新，只有将世界看作一个整

[①] 康有为（1858—1927），晚清时期资产阶级改良主义的代表人物。光绪二十四年（1898）开始进行戊戌变法。康有为作为晚清社会的活跃分子，在倡导维新运动时，体现了历史前进的方向。但后来，他与袁世凯成为复辟运动的精神领袖。
[②] 梁启超（1873—1929），师于康有为，戊戌变法（百日维新）领袖之一。戊戌变法失败后，与康有为一起流亡日本，政治思想上逐渐走向保守，但是他是近代文学革命运动的理论倡导者。辛亥革命后一度入袁世凯政府，担任司法总长；之后对袁世凯称帝、张勋复辟等严词抨击，并加入段祺瑞政府。

体,才能有跨界创新。认同理论里面有九个元素,个人层面的行为、思维和意愿;组织层面的制度、结构和价值;国家层面的政治、经济和文化。这九个元素其实就是九个不同的界,人生需要不断地跨界,有主动的发自内心的跨界,也有外部环境要求的跨界。一个人认同程度越高,跨界能力就越大,形成跨界创新的机会就越多。

中国的创新正在从二次创新和集成创新向原始创新发展,这个过程需要越来越多的发自内心的动力驱动。只有发自内心的动力驱动,才能不会被外界需求的变化所左右,才坐得住冷板凳。这种发自内心的动力只能来源于认同的力量。对我们自身信仰的认同,对组织价值的认同,对社会文化的认同,认同越强,动力越强大。未来的世界属于跨界创新者的世界,未来的跨界创新者来源于认同思想的践行者。

跨界创新虽然体现在科技创新上,但是需要跨越的并不仅仅是学科之间的界限,也有政治、经济和文化之间的跨界。只有社会各组成部分能够充分配合,协调发展,科技创新才会落到实处。跨界创新就是要在科学共同体[①]和社会共同体[②]之间建立起认同,形成跨界创新共同体,实现科学家和企业家,政治界和经济界的共同创新。

---

① 科学共同体是由科学观念相同的科学家所组成的集合体——科学活动的主体。1942年英国科学哲学家波拉尼在《科学的自治》一文中首次使用。1962年美国科学哲学家库恩在《科学革命的结构》一书中,运用"科学共同体"这一概念来说明科学认识发展过程中社会心理因素的作用。认为"科学共同体"在实际上和逻辑上都很接近"范式"。指出一个范式只是一个科学共同体成员共有的东西;由于这些成员使用共同的范式,才组成了这个科学共同体。科学共同体由一些学有专长的科学家组成。
② 《共同体与社会——纯粹社会学的基本概念》,作者是斐迪南·滕尼斯。本书重点介绍了共同体理论,并与社会理论相比较。

本书的基本内容

本书主要是通过对跨界创新的研究，从狭义上说，为当前乃至以后一个时期内的科技创新提供理论支持和方法；从广义上说，为人们突破自身思维限制，形成更强的创造能力提供途径和技能。

本书主要从以下几个部分进行论述：跨界创新的缘起与意义，跨界创新的定义，跨界创新的理论基础，跨界创新的要素，跨界创新的思维方式，跨界创新的推演方法，跨界创新的实践案例。

跨界创新的缘起与意义。中国近代500年为什么落后于世界的发展？是政治制度问题，还是文化传统问题？还是地理气候问题？只有认识到中国近代的落后是因为闭关锁国的政策，才能理解中国近四十年改革开放的伟大，才能真正理解自我封闭的危害，理解跨界创新对于中国发展的重要性。一个国家，尤其是大国，要保持一种开放的态势，以便吸收世界最新的发展成果，并发挥出巨大的价值和作用。中国的新四大发明：高铁、支付宝、共享单车和网购，有哪一项的技术和原型诞生在中国？但是这并不妨碍中国人把它们发扬光大，成为社会发展的重要力量。体现中国特色固然重要，但是首先不要忘记融入世界，这才是中国发展的必由之路。

跨界创新的定义。什么是界？什么是跨界？什么是跨界创新？所有束缚人的思想和行为的障碍都可以称为界；超越和打破这些障碍的过程称为跨界；在打破旧的界限的同时，建立新的边界的过程就是跨界创新。跨界创新不是科学家自己的事情，是全社会的事情，如果没有一个好的社会环境，单凭科学家自身是无法提升社会科技发展水平的。只有认识到这一点，我们才能在跨界创新的过程中，不但要保护科学家的利益，也要保护企业家的利益，甚至保护所有参与创新过程中人的利益。有些界是可以看见的，有些界是看不见的，这些看不见的界限，有时候比看得见的界限更能够束缚人。只有认识到界的无处不在，才能重视和提升跨界的意义，才能实现跨界创新。

跨界创新的理论基础。科学相关工作者遵循共同的假设、理论、技术和方法。通过对这些内容的共同认可，科学领域实现学术统一并形成科学共同体。社会遵循的政治制度、经济模式和文化传统，通过三者之间的协调配合，实现社会的和谐发展。根据认同理论，把各种学科看作一个整体，因此得到了科学共同体；把各种社会要素看作一个整体，因此得到了社会共同体。通过科学共同体人们进行基础研究和应用研究，甚至进行具体产品的研究，这些科学共同体的活动和社会共同体的交叉构成了跨界创新共同体。跨界创新共同体的一个直观结构就是跨界创新链。在跨界创新链条中，创新有不同的来源，既有科学共同体灵感和思维的闪现，也有社会需求对科技创新的主动牵引。科技共同体和社会共同体的相互作用所形成的跨界创新共同体决定了国家之间科技的竞争能力。

跨界创新的要素。现实中，我国的共同体现状是什么样的？跨界创新又如何将一项科学技术转化为实际应用，成为创新产品？科学家、企业家、投资者、政府、消费者等群体都是跨界创新的要素，需要形成一个整体，跨界创新要建立整体的意识。跨界创新的实现有经营管理、科技创新、资本运作、政府环境和国际化五个阶段。通过建立跨界创新理论研究平台、跨界创新产业合作平台和跨界交流平台，可以实现跨界创新的科学化、平台化和常态化。在建立跨界创新型组织的过程中，还要注意组织结构对思维的影响，通过结构的调整实现跨界创新。

跨界创新的思维方式。跨界创新需要思维方式的支撑，通过和外界良好的沟通模式，建立起个人、组织和社会之间的连接和配合。这种心智模式不只可以应用在科学创新上，亦可应用在非科学的创新中。跨界创新的思维，是一个先发散后收敛的过程，先是通过不断地发散实现跨界，而后通过持续地收敛实现创新。

跨界创新的推演方法。跨界创新是一个新的概念，需要一些具体的手段帮助大家掌握创新的方法。冰山模型告诉我们看到的都是表象，在表象之下还有事物形成的过程，而过程的源头则是事物发生的根源。九宫格法则是帮助我们进行联想和扩散思维的一种手段，它发挥了视觉思考和右脑思考的双重功效。头脑风暴则更加直接地将发散性思维和相互激发联合起来，形成一个发散性思维的整体。世界咖啡则是一种深度交流的工具，促使人们在发散性思维的基础上，通过赋予意义形成共识。六顶思考帽是一种收敛性思维方式，通过一致的目标实现共振，从而得到建设性的成果。九型人格法帮助跨界创新者认识到自己内心才是所有问题的起点，建立起相互间的内在联系。U型理论则是将沟通聆听和共同思考结合起来，使发散和收敛在一个整体的过程中得以实现。

跨界创新的实践案例。通过对于国内多个科研院所的实际调研，初步总结出了科学家思维跨界创新、科研院所组织形式跨界创新、行业发展跨界创新等多个案例。这些案例集中反映了当前中国科技发展的成果，为其他机构和个人跨界创新提供了一定的借鉴。当然由于领域敏感性和商业秘密的原因，在不损害借鉴价值的前提下，案例中的有些内容做了一定的处理。

在跨界创新理论提出之前，跨界创新在科学研究领域往往被称为交叉学科研究，在技术转移领域被称为产学研结合。事实上，无论是交叉学科还是产学研结合都没有准确描述出跨界创新是打破旧的思维和行为限制，形成新的界限的实质，因此也就不免偏颇。跨界创新的提出，将交叉学科研究和产学研结合等概念结合起来，形成一个一气呵成的创新过程，有利于促进中国原始创新能力的发展。

名不正则言不顺，言不顺则事不成，跨界创新将科学家、企业家和政治家等各路力量结合在一起，为了一项伟大的事业而努力，自然就会结出更加辉煌的成果。在清华大学公共管理学院跨界创新研究中心、中关村认同应用技术跨界创新产业联盟和认同书院等机构的平台上，在数百家国家级科研院所的支持下，跨界创新的事业一定会发扬光大。

在此感谢长期指导我的李仕明教授、苏竣教授和薛澜教授。感谢在跨界创新案例调研和整理过程中付出劳动的朱明、丁禹民、郑青松和谢多丽老师。并感谢为跨界创新事业做出贡献和支持的有关单位：中关村科技园管委会、清华大学公共管理学院、中关村认同应用技术跨界创新联盟、启迪科服集团、邦易投资集团等单位。

第一章

跨界创新面面观

一、跨界创新的缘起

1. 东西方科技发展的分野

王阳明和哥白尼

1506年,刚刚进入16世纪,没有人预计到人类历史会从此翻开崭新的一页。大明王朝的官员王阳明因为受太监刘瑾的迫害,正在前往贵州龙场任一个基层小吏的路上。王阳明不会知道,远在欧洲大陆的教士哥白尼,刚刚结束了自己十年意大利生涯回到波兰,他在教会谋了一个差事,准备私下开展自己的天文学研究。在当时的社会,这两个人都是无名小卒,然而将来他们都成为彪炳青史的巨人,并在一定程度上改变了人类的发展方向。

接下来的时间里,熟读中国儒释道典籍的王阳明在龙场悟道,提出心是感应万事万物的根本,"圣人之道,吾性自足,向之求理于事物者误也。"掌握了数学和天文知识的哥白尼则发现了太阳系运行的规律,他在《天体之运行:导言》里写道:"如果真有一种科学能够使人心灵高贵,脱离时间的污秽,这种科学一定是天文学。因为人类果真见到天主管理下的宇宙所有的庄严秩序时，必然会感到一种动力促使人趋向于规范的生活，去实行各种道德，可以从万物中看出来造物主确实是真美善之源。"王阳明和哥白尼都找到了使自己内心充实而平静的东西，不过一个是向内求索，一个是向外求索。东西方的历史就是这样从点滴的差异开始，而后在不同的道路上越走越远。

王阳明后来拥有了成百上千的信徒，这些信徒大多是当时中国的文化精英，甚至朝廷的高级官员。这些人陶醉于"心学"带来的心灵上的解放，将王阳明奉为儒家的圣人，其影响至今 500 年而不衰。王阳明心学的特点是"吾性自足，不假外求"，一切的道理都在心中，只要你把握住了自己的内心，也就明白了世间万物。

和王阳明醉心于青山绿水的讲学不同，哥白尼的学术之路是孤独的。他用枞树杆削成的"三弧仪"来测量行星距离，用六根树条绕成圆圈做成的"捕星器"测量月球和行星的位置，用一块右上角装着带刻度木环的正方形木板作为"象限仪"，测定太阳中天时高度。哥白尼相信运动是生命的真谛，没有什么东西是静止的，一切东西都在生长、变化、消失，千秋万代继续不停。在他之后，布鲁诺、开普勒、伽利略、笛卡儿，一直到牛顿，接力赛似的将他开创的事业去芜存菁，建立了一个以数学为基础的天文物理体系。

失去的 500 年

在接下来的 500 年时间里，西方科学技术发展就像打了鸡血，在数学、天文学、力学、光学、化学、医学等众多学科的组成下，凭借不断刷新科技创新的高度,将人类整体科学技术带上了一个新高峰。在科学技术的支撑下,西方国家实现了机械化、电力化和信息化的三次工业革命,创造了大量的社会财富,为社会制度改革积累了生产力条件。

作为一个现代人,我们对乘坐飞机、火车乃至汽车已经司空见惯,对于使用计算机、网络和手机也习以为常,但是与当今的发达国家相比,我国的原创产品相对较少。虽然我们可以自己生产各种科技产品,但是不能掩饰我们在科技领域对人类贡献的匮乏。这和中国作为5000年文明古国和10多亿人口的规模是不相匹配的,这种反差背后存在着一些必然的原因。

中国有一部电视剧叫作《康熙大帝》,这部电视剧的主题曲叫《向天再借五百年》。对于一代帝王来讲,康熙再活500年是他的幸事,但是对于中国则不然。由于闭关锁国妄自尊大,从16世纪开始,中国在世界发展中开始了近500年的沉寂。落后的科学技术不但造成经济的停滞不前,而且直接带来了西方列强的侵略和瓜分。

现实是如此的残酷,使我们不得不审视究竟是什么原因导致东西方的分野,又是什么原因导致了中国科学技术的停滞不前?

2. 李约瑟难题的由来与解决

问题的由来

15世纪初郑和下西洋应该是中国融入世界科技发展的一次重要

机会，郑和向明仁宗汇报说："欲国家富强，不可置海洋于不顾。财富取之于海，危险亦来自于海。"然而在当时的文化背景下，郑和的浩大船队不过是大明王朝的一次环球示威活动，非但没有带来经济上的回报，反倒使明政府背上了巨大的财政负担。最终的结果不是拥抱海洋，而是彻底地进行封海，离西方世界越来越远。

英国学者李约瑟在编著《中国科学技术史》[①]的过程中，提出了一个问题：为什么在16世纪之前中国文化教育领先于世界，而在16世纪之后，近代科学却没有产生在中国？这一问题是如此尖锐而有吸引力，以至于很多人都尝试从不同的角度做出回答。

有人说中国的技术发展靠经验世代积累，缺少逻辑思维和数理基础，所以走进了一个壮丽的死胡同，无法从经验技术转变为现代科学技术。《庄子·外篇·天道》里有一个故事似乎可以说明这个问题：桓公读书于堂上，轮扁斫轮于堂下，释椎凿而上，问桓公曰："敢问，公之所读者何言邪？"公曰："圣人之言也。"曰："圣人在乎？"公曰："已死矣。"曰："然则君之所读者，古人之糟魄已夫！"桓公曰："寡人读书，轮人安得议乎！有说则可，无说则死！"轮扁曰："臣也以臣之事观之。斫轮，徐则甘而不固，疾则苦而不入，不徐不疾，得之于手而应于心，口不能言，有数存焉于其间。臣不能以喻臣之子，臣之子亦不能受之于臣，是以行年七十而老斫轮。古之人与其不可传也死

---

① 《中国科学技术史》，作者李约瑟。这本书采用比较研究的方式介绍了中国和西方的科学技术并系统论述了古代科学技术的成就与贡献。

矣，然则君之所读者，古人之糟魄已夫！"①

根据两者之间的对话，得到的结论是"言者不知，知者不言"，也就是真正有价值的经验是无法表述的，更不可能传递下去。这种思想成为中国文化的底色，大音希声，大象无形，没有人想到尝试用数学这种精妙的语言体系，将科学技术传递给子孙。

对于知识和经验，在同时期的西方也有两个不同的派别：亚里士多德和阿基米德。虽然亚里士多德的权威后来主宰了西方近千年，但是将数学视为神的毕达哥拉斯②和阿基米德们，为西方科技发展奠定了数学和逻辑基础。这种知识体系是以假设为起点，再通过严谨的逻辑推论，最后得到证明的方法，这恰恰是现代科技的基本形式。

不同的解读

有人从社会制度的角度，来论证中国难以产生科学技术的原因。中国人热衷于圣人经典，通过对经典的诵读和理解，达到学而优则仕的目的。科举制虽然为社会选拔人才参与社会治理提供了有效的方

---

① 翻译：齐桓公在堂上读书，轮扁在堂下砍削车轮，他放下椎子和凿子走上朝堂，问齐桓公说："冒昧地请问，您所读的书说的是些什么呢？"齐桓公说："是圣人的话语。"轮扁说："圣人还在世吗？"齐桓公说："已经死了。"轮扁说："这样，那么国君所读的书，全是古人的糟粕啊！"齐桓公说："寡人读书，制作车轮的人怎么敢妄加评议呢！有什么道理说出来那还可以原谅，没有道理可说那就得处死。"轮扁说："我用我所从事的工作观察到这个道理。砍削车轮，轮孔做得宽就松滑而不坚固，做得紧就滞涩而难入。不慢不快，得心应手，口里说不出来，有奥妙的技术存在其间。我不能让我的儿子明白其中的奥妙，我的儿子也不能从我这儿接受这一奥妙的技巧，所以我活了70岁还在砍削车轮。古时候的人跟他们不可言传的道理一块儿消失了，那么国君所读的书，正是古人的糟粕啊！"

② 毕达哥拉斯（约前580—约前500），古希腊数学家、哲学家。

式，但是却阻碍了人们对科学技术探索的动力。相反西方国家因为以封建制度为主，官员的选拔主要通过贵族产生，不需要通过科举制度进行选拔，也就避免了人才集中于故纸堆里找官做的窘境。

还有人提出，中国历来重农抑商，一直保持传统的农耕经济，不利于商人阶层的产生和发展，进而不利于工业文明的产生。由于科学技术不仅是个人知识和思想发展的结果，还要和社会经济需求结合起来，因此在农耕文明下，政府没有动力去解放和促进科技发展。

每种说法都有一定的道理，但是都没有直指问题的核心，也都有自身的缺陷。如果说缺少数学和逻辑思维，中国也有《周髀算经》[①]和墨家思想；如果说是科举制度，16世纪之前也有很多重要的科技发明出现在中国；如果说是因为重农轻商，哪个传统文明国家不是从农业道路上走过来的？

3. 钱学森之问对李约瑟难题的回答

科技背后是人才吗？

2005年，温家宝总理在看望钱学森的时候，钱学森提出了著名的"钱学森之问"，他说："（新中国）这么多年培养的学生，还没有哪一个的学术成就，能够跟民国时期培养的大师相比。为什么我们的学校

---

① 《周髀算经》是算经的十书之一，中国最古老的天文学和数学著作，约成书于公元前1世纪，主要阐明当时的盖天说和四分历法。《周髀算经》在数学上的主要成就是介绍了勾股定理。《周髀算经》采用最简便可行的方法确定天文历法，揭示日月星辰的运行规律，囊括四季更替，气候变化，包含南北有极、昼夜相推的道理。

总是培养不出杰出的人才?"

实际上钱学森之问恰恰是对李约瑟难题的一种回答,因为没有杰出人才,所以科学技术没有在中国发生,所有的科学技术发展都离不开杰出人才的贡献。事实上任何人都是学而知之,不是生而知之,杰出人才的出现是和教育紧密结合在一起的。我们看一下16世纪不同国家的教育情况,当中国的读书人在皓首穷经的时候,西方的读书人却在学习数学、医学、哲学、物理、化学等自然科学和社会科学。

开启天文学革命第一人的哥白尼,18岁时就在波兰的克拉科夫大学学习医学,23岁又到意大利博洛尼亚大学和帕多瓦大学攻读法律、医学和神学,后来在费拉拉大学获宗教法博士学位。懂教育的人都知道,教育的过程不单纯是知识的学习,而且是一种思维方式和价值观的培养。人们在教育中所形成的思维方式,决定了一个人注意力的场域,他们不寄希望于高官厚禄,而是将科学追求作为自己人生价值的支点。

作为"天空立法者"的开普勒,虽然在图宾根大学获得了学士和硕士学位,但是职业生涯的开端却是在奥地利的格拉兹教授数学、天文学。后来虽然做了御用数学家,负责给皇帝占星算命,却一直没有放弃作为天文学家的梦想。开普勒曾经对朋友说:"作为女儿的占星术若不为天文学母亲挣面包,母亲便要挨饿了。"正是在西方教育的指引下,才使得这些人可以抵御外界的诱惑,把自身的科学追求作为自己的终生使命。

科学家有一个共同的特点,就是对真理的追求。开普勒曾经有一套自己对于宇宙的理解,并且用数学的方式进行了论证表达,但是当他有机会用第谷（天文学家）的天文观测数据进行验证，发现不符合实际的时候，他把自己的观点全盘推翻。

开普勒第一定律的发现，来源于他计算出来的火星位置和第谷数据之间相差 1.133 度，这个角度相当于秒针在 0.02 秒瞬间转过的角度。正是西方教育中对于数学的重视和真理的追求，使得他没有忽略这一偏差，从而揭示了真正的行星运行轨迹。

另一位天文学领域的巨人伽利略先是在比萨大学学习医学，虽然因为家贫退学成为家庭教师，但是一直没有放弃对数学、物理和仪器制造的兴趣和追求。伽利略的知识并不是来源于课堂上，而是从古希腊的科学著作中汲取营养，以至于被当时的人们称为"当代的阿基米德"。当时的大学也是不拘一格，虽然伽利略没有完成自己的大学学业，所学的专业是医学，但是由于他的《天平》论文受到学界的关注，他被聘为比萨大学的数学教授，时年仅 25 岁。可见当时大学灵活的教育体制，为这些天才科学家提供了充分的发挥空间，也使得大师层出不穷。

人才培养的不同体系

总结这一时期的西方教育，我们可以看到和当时的中国教育有以下不同：

一是教育的内容不同。中国教育以四书五经为主，主要是通过对圣人经典的学习，体悟圣人之道，为修身、齐家、治国、平天下提供格物致知的对象。这些内容使人们能够获得自我的修养，对社会的认知，以及忠君为民的责任和使命。

西方教育除宗教之外，其他以自然为视野，使得研究者有着更加广阔的研究空间和领域，也更容易点燃他们对于科学研究的兴趣，不用头悬梁锥刺股地强迫自己。西方历史在很长一段时间中，神权高于政权，并且欧洲国家的规模和治理体系决定了没有所谓的标准教材和考试，所以学习内容往往来源于兴趣和实际需要。天文学之所以成为西方科学技术的突破口，很大程度上也是由于宗教对于天文学的重视和需求，虽然这种研究带来的结果是教廷始料未及的。

二是教育的目的不同。中国人讲究学而优则仕，朝为田舍郎，暮登天子堂，往往跟着权力的指挥棒在转。教育主要是为了遴选官员，九品中正制的时候装清高，诗词取仕的时候弄风骚，考核八股文的时候背经典，一切不是以兴趣和真理为起点，而是以功名利禄为目标。在这样的目标下，对于数学、天文这些无助于科考的知识，往往被认为是无用的奇技淫巧。中国的读书人从《三字经》《百家姓》开始，就失去了对自然探究的兴趣，也就不会将关注点放在科学技术的发展上了。

和中国的行政体系不同，西方的官员选拔机制更加落后，主要行政职位是由出身决定的。普通人的学习不是希望获得官职，而是希望在研究和应用领域取得成绩。他们不期望书中自有黄金屋、书中自有颜如玉，而是书中自有真理和真知。学者们之间的交流不是为了朋比为奸，而是真诚地交换对于科学技术的认识和看法，进而形成一个科学共同体，共同接力式地去完成科学技术的探索和发现。

三是对于科学技术成果的归属不同。无论是早期的阿基米德原理，还是开普勒的三大定律，西方人尊重科学发现者的知识产权。即使是没有具体财产上的回报，也会通过各种方式来铭记他们所做出的贡献。有以发现者命名的哈雷彗星，也有以做出贡献者命名的计量单位：牛顿、帕斯卡、焦耳等。这些对于知识创新者的褒奖虽然没有带来实际的物质利益，但是给后来科技工作者以极大的激励。

中国的科技创新者就没有这样的待遇了，不用说四大发明没有以发明者名字命名的任何痕迹，哪怕就是编辑一本词典，也被当政者命名为《康熙字典》。这种重视权力不重视知识产权的思想，渗透到社会运行的方方面面，往往具体做出贡献者都不可考证，只有当时的政绩彪炳史册。

回到李约瑟难题和钱学森之问，事实上科学技术的发展，既是生产力的发展，更是人自身的发展。如果一个社会的教育体系不能培养出科技创新人才，又没有人才的引进，这个社会也就无法实现科技创新的发展。教育的目标、内容和对知识产权的尊重，直接影响着人才的努力方向，也就决定了科技创新的不同命运。

二、跨界创新的意义

1. 跨界创新是人类进步的原力

和宇宙 137 亿年的历史和地球 46 亿年的历史相比，人类的出现只是弹指一挥间的事情。最近 500 年现代科技的发展，和人类上百万年的历史相比，也只是一眨眼的工夫而已。所以站在历史的角度来看李约瑟难题和钱学森之问，我们会得到一种不同以往的解释，那就是：现代科学技术的产生并不是一种某时某地必然的现象，而是一种偶然的发生。这种现象的发生，是全人类的一件大事、一件幸事，并不归属于某个特定的国家。事实上哥白尼是波兰人，开普勒是德国人，伽利略是意大利人，而牛顿则是英国人。这些不同国界、不同经历、不同职业的人在一起，共同开启了现代科学技术之门，促进了西方文明的发展。

如果说这其中任何一个国家，采取像中国明朝政府那样的闭关锁国之策，都会损害科学技术发展的进程。说到这里我们不得不提到和开普勒、伽利略等同时代的徐光启。徐光启仕途不顺，早年遇到了西方传教士，于是受洗礼加入了天主教，并起了教名保禄（Paul）。

在和西方传教士的交流中，他发现了科学技术尤其是数学的重要性，和著名的西方传教士利玛窦合作翻译了《几何原本》和《测量法义》。

为了提高数学的应用，他疏奏皇帝"度数旁通十事"，详细论述数学应用的广泛性。一共提出了十个方面，即天文历法、水利工程、音律、兵器兵法及军事工程、会计理财、各种建筑工程、机械制造、舆地测量、医药、制造钟漏等计时器。虽然这些建议都是基于实用的角度，但是如果能够进一步开展全面的研究，就会吸引一些当时的人才，可能会对中国明朝的科技创新事业有所帮助。熟悉中国历史和法度的人都知道，这种建议是没有可能推行的，更何况是在烽烟四起的明朝后期。

美国社会学家伯纳德·巴伯①在《科学与社会秩序》(*Science and the Social Order*)中阐述了科学发展与政治体制的关系。他认为："要保持科学的连续性，就需要那些对科学研究事业有兴趣和能力的人的积极参与。但是对科学的这种支持只能靠适宜的文化条件的保证。""制度结构的变迁可以削弱、改变或者可能阻碍科学事业的发展，这一点将变得日益明显。""自然科学会在不同的社会结构中发展，但是，哪些结构为它最充分的发展提供了制度环境呢？"伯纳德的结论是科学技术的发展需要民主制度。

事实上伯纳德所得到的是一个似是而非的结论，在哥白尼、开普勒和伽利略的时期，欧洲还被笼罩在宗教和政治的双重阴影下，很难

---

① 巴伯是科学社会学创始人之一。

说这是一个民主的环境。正如我们上文所说，当时的教育内容、目标和对知识产权的尊重才是促使科学家积极研究的动力来源。同时我们也不得不承认，社会结构的不同会对知识的生产和传播起到巨大的作用。可以更加准确地说，科学技术的发展依靠的是开放和交流，科学技术的社会实现才需要社会民主制度的支撑。

2. 跨界创新构建连接世界的认同体系

科学共同体

美国科学史家托马斯·库恩[①]在《科学革命的结构》一书中提出了"范式"一词，他认为存在一个科学共同体，在这个共同体里面，大家对于某一领域的科学假设、理论、概念、规律、范例、应用及工具等存在一种共识。库恩认为：范式是科学诞生的标志，常规科学在范式指导下不断积累知识，它通过解决难题，消除反常，借扩充范式应用范围和提高其精确程度而逐步完善。随研究的深入，反常大量出现，已构成对范式的根本威胁，于是危机到来，科学革命开始。科学革命始于危机，发端于科学发现。

当爱因斯坦提出引力波的时候，自己也不太确定自己的理论是否正确；当激光被发现的时候，没有人知道这种发现会有什么实际的价值。科学的任何一个分支，或者一个发现，都需要很多代科学家的

---

① 托马斯·库恩（1922—1996），代表作有《科学革命的结构》《哥白尼革命——西方思想发展中的行星天文学》《结构之后的路》等，是过去60年里最具影响力的科学史学家和科学哲学家。他的"范式""范式转移"等概念改变了思考科学的方式。

接力来完成。按照库恩的理论，人类的科学技术发展是一个科学共同体相互促进和完善的过程，因此我们不必纠结于科学技术最早诞生于西方还是东方，而在于是否积极地接受和参与。当科学技术发生革命时，明朝的徐光启就在第一时间接受了这一成果，并积极地传播和应用。可惜的是，由于当时中国的教育内容和社会机制没有足够的空间来消化吸收，导致失去了和世界同步的机会。

从这个意义上讲，钱学森之问里面其实隐藏着部分答案："这么多年培养的学生，还没有哪一个的学术成就，能够跟民国时期培养的大师相比。"这句话前提是中国曾经有一个时期，培养出了大师，这个时期就是民国。

为什么民国时期培养出了大师？恰恰是封建王朝的解体给社会机制带来了重大的改变，是特殊的时代成就了大师。原有的科举制度被取消，就像被摘去了蜂巢的蜜蜂，天下的读书人一下失去了根据地和目标，四书五经从原来的显学变成了累赘。读书人不得不接受一个现实，就是要读有用的新学问，于是大量人才争相上新学堂、出洋留学，知识的作用从修齐治平，开始向发现真理和推进社会进步转变。从这个意义上说，使我们科学技术发展停滞不前的是自我封闭，是闭关锁国。

如果我们承认钱学森是大师的话，其本身就是一个例证。钱学森出生于1911年，正是几千年封建制度被推翻的那一年，钱学森在国立交通大学毕业后，考取清华的庚子赔款留学生，1935年进入美国麻省理工学院学习，后转入加州理工学院航空系，成为冯·卡门的学生。在西方教育体系下，28岁就成为世界知名的空气动力学家，后来与导师共同完成"卡门—钱学森"公式。

民国时期的人才失去了入朝做官的机会，反倒丢掉了禁锢中国人思维的枷锁，使得科学技术成为科学技术本身。没有人期望通过科学技术成为大官，也没有政府去规定可以做什么研究，不可以做什么研究，甚至也没有人来制定一个谁是什么职称待遇的标准。正是在这样的环境下，中国的读书人不得不去国际上寻找理论、准则和技术的认可，从而用国际通行的范式来从事自己的研究。在这些研究的基础上，中国也在逐步形成自己的科学共同体。

社会共同体

新中国成立后到改革开放前，在国内制度和国际环境的双重影响下，中国的教育科技体系发生了变化。尤其是"文化大革命"时期，教育体系被革命激情所左右，宁要社会主义的草，不要资本主义的苗，刚刚打开的国门又重新关闭，使得整代人的教育受到了损失，自然也就影响到了科学技术的发展。

新中国的科技体制由于沿用苏联的技术生产单位分离的做法，技术创新远离了生产一线，失去了创新的动力和活力。这一时期教育科技的变化来源于社会制度的变化，也就是说科学共同体的变化是社会共同体发生变化导致的，因此更加难以单纯从科技和教育的角度进行解释。

事实上人类的科技发展从来不仅仅是科技本身的事情，而是受经济社会整体发展的影响，科技发展也不是某一个国家和地区的专利，而是全人类的事业。人类的科技创新中有一个科学共同体，人类的社会创新中也有一个社会共同体，人类是在相互学习中提高。这就要求无论是科学界，还是社会界，都不要闭关锁国，闭门造车，而是建立起人类的整体认同。正像邓小平1992年南方谈话所说："计划多一点还是市场多一点，不是社会主义与资本主义的本质区别。计划经济不等于社会主义，资本主义也有计划；市场经济不等于资本主义，社会主义也有市场。计划和市场都是经济手段。"

跨界创新就是在科学共同体和社会共同体之间的跨界，它的参与方不只是科学家，还要有技术专家、政府官员、金融资本家、企业家、工人，甚至是普通消费者。只有建立起所有人的认同体系，跨界创新才能很好地实现，哪一方的欠缺都会对跨界创新产生不利的影响。就拿最为普通的消费者来说，如果没有他们的积极参与，创新成果就没有市场的支持，就会成为无源之水。中国之所以在过去的几十年里，科技产业有了很大的发展，巨大的消费市场是一个重要的条件。无论是高铁还是淘宝，如果没有亿万计的消费者做支撑，就不可能有今天的规模和影响力。

跨界创新的创新部分发源于科学共同体，通过科学共同体的理论、技术和方法，再结合社会共同体的资源和市场需求，成为一个完整的跨界创新体系。这个体系的背后，是从个人行动、思维和意愿，到组织制度、结构和价值，到社会政治经济和文化的认同体系。一个国家和地区，如果能够建立起强大的认同体系，就会最大可能地发挥出自身人才的优势，成为跨界创新的赢家。

总之一句话，李约瑟难题和钱学森之问的答案是一样的，就是需要跨界创新，需要把中国和世界紧紧地联系在一起，不要再走闭关锁国的老路。打破束缚在个人和组织身上的各种界限，形成跨界的统一，在跨界的过程中塑造新的共同体，才是破解个人和社会发展障碍的正确道路。

三、跨界创新的定义

1. 什么是界

各种不同的界

虽然还在盛夏,但是有一些树叶已经开始枯黄,在夏天的急雨中落下,很快就腐烂成为泥土的一部分,这是世界的常态。一切的生物似乎都处于方生方死、不生不灭的状态中。事实上一切都在发展变化之中,"坐地日行八万里,巡天遥看一千河",哪怕就在我们于密室中静坐禅定的时候,人类在宇宙中的位置已经大相径庭。

变化是永恒的,世界在持续的运动和变化中。一个人无论如何拒绝,也阻挡不了时间和空间对他的改变。和整个世界相比,每个人不过是一粒尘埃,必须随着环境的改变而改变,这是近代物理学、天文学和生理学所证实的客观现实。

运动和变化是从旧秩序到新秩序的过程,对于世界的秩序,存在着一个矛盾的现象:我们似乎永远生活在一种秩序之下,但是我们又永远处于新旧两种秩序之间。没有秩序的约束,世界就将陷入混乱,而如果秩序不变,世界将会停滞不前。秩序在决定着我们的行为,但是我们的行为却在新旧秩序之间平滑地连接，以至于我们感觉不到这种变化。当然有些时候会有些突变，我们将之称为革命，但是毕竟这种时候很少出现。旧秩序和新秩序之间存在一定的界限，在现实社会中，我们将这种从旧秩序到新秩序的过渡过程称为改革。

什么是界？对人类而言，界是一切对人的思想和行为产生约束的事物。这些事物对人形成了一种秩序，并由此而产生了一系列衍生物。我们在日常生活中经常有省界、国界这样有形的界，也有政界、商界、文化界之类无形的界。在界的保护下我们获得了自身的安全，但是我们也不得不接受这样的结果，界在保护我们的同时也成为我们自身的局限和约束。事实上这些界也是我们创新的源头，当我们具有愉快感觉的时候，我们的精神趋于涣散，当我们具有不愉快感觉的时候，我们的精神却开始集中。正是有界的存在，我们才产生创新的欲望，去克服这些界给我们带来的不愉快感受。

界并不是对所有人都是一致的，它是由不同的尺度和角度决定的。譬如说当我们以光年作为度量单位，我们就会发现由各种行星、恒星、星云等组成的宽广宇宙界。而以微米为计量单位，我们就会发现由各种细菌、病毒、真菌以及一些小型的原生生物组成的微生物界。这些界的产生是由于度量单位的不同而产生的分界，存在于不以人的意志为转移的自然界。

还有一类更为重要的分界，是建立在人类自身结构和意识之上的界，譬如说物理、化学、哲学、艺术之类的学科划分；再譬如说国家、组织和个人的层次划分。这些人类自身的分界为人类社会的运行建立了秩序，同时也给人类社会的运行制造了障碍。可以说，人类的发展就是一种不断制造新界、打破旧界的过程。

小白鼠理论

这些界就像是立交桥，一方面顺畅了我们的交通环境，另一方面却增加了我们到达目的地的距离。在不同的思想指导下，在不同的发展阶段，我们对这些界有着不同的认识。当年明政府闭关锁国虽然锁住的是现实的国界，但是经过长期的发展，这种界就变成了思维上的界。

有人做过这样的实验，当一只青蛙被放在盖了玻璃的容器里的时候，它一开始会不断地跳跃，希望能够突破对它的圈禁，但是当它多次碰到玻璃之后，就会放弃这样的努力，哪怕是以后取掉了玻璃，青蛙也会乖乖地蹲在那里。16世纪初期，在中西方科技发生分野的时候，很多中国人一开始就像这只青蛙，希望去建立和外部的联系，但是逐渐地放弃了这种努力。

农科院实验室人员曾经把笼子里的小白鼠拿出来，放在桌子上给王院士演示，发现一个神奇的现象。小白鼠虽然离开了笼子的限制，但是在桌子上依旧转圈，并且和笼子中的半径一样。管理人员告诉王院士，40天的笼内生活改变了它的思维方式，进而改变了它的行为方式。驯化一个生灵是如此的简单，只需要一个笼子，再需要一点时间。

由此我们可以得到一个小白鼠理论：一个智能生命在一定的环境中，由于反复进行某种行为，逐渐形成了固定的行为和思维模式。小白鼠由于丧失了自我觉察的能力，即使到了新的环境里面，却依然坚持原来的行为模式。小白鼠和我们很多人一样，重复的生活环境使他们不但失去了跨界能力，关键也丧失了跨界的欲望，最终选择了一种乏味的生活。

儒释道的界

在封建社会具有中国国教地位的儒家强调稳固的秩序环境，用"天人感应"和"三纲五常"力图维持一个不变的社会体系。读书人最好埋头于经典著述中，寻求内心的平衡之道。对普通人而言，非礼勿视、非礼勿听、非礼勿言，一切都要在礼仪规范内行事。如果有人越界，就是对秩序的破坏和对君父的蔑视，必须受到全体的谴责和制度的严惩。

由于儒家思想在中国文化里面占据了重要的位置，因此中国人对于固有的界限有一种痴迷，以至于到了为了维持一个所谓的正统，不惜牺牲个人自由的地步。不但是控制者希望维持住界限不被突破，甚至被控制者也不希望突破界限。当年有人提出中国的太监制度对人性不人道的时候，首先出来反对的就是太监本身。

道家思想则尊重界限背后的自然规律，"太极生两仪，两仪生四象，四象生八卦"，万物遵循一定的存亡和运行规律，这些规律不为尧存，不为桀亡。而"反者道之动"更是将稳定的秩序视为混乱的源头，只有保持动态的过程才能实现真正的稳定。如果我们将视线转向茫茫的宇宙星空，我们会发现一切都在处于不停的运动之中，绝对的静止是不存在的。

道家思想无疑是符合自然规律，并且可以被现实所验证的，也是符合人性自然发展的。凡事有利则有弊，道家和儒家相比，却缺乏对现实世界探求的动力，更加不愿意去打破已有的自然界限。因此中国道家思想一直停留在对自然规律定性思考的层面，没有将之上升为科学。

佛家强调"觉悟"，强调自身对于外界的洞察和感悟，人们要不断地修行以打破愚钝的枷锁，实现智慧上的解脱，如莲花出于污泥和浊水，却又高高在上不为之所淹没。从佛家看来，人心中有界，而自然无界，只有思想上的自由才能证得正果。佛家关注内心的界多一些，关注外在世界的界少一些，因为他们认为外界一切不过是"如梦幻泡影"。

正如《道德经》开篇所言："道可道，非常道。名可名，非常名。"任何人类知识的结构都是道和名的组合，却又不能准确地表达道和名，这些语言体系既构成了知识，又不能准确地表达知识，这也是很多知识都用数学形式表示的重要原因。当我们说到"市场"的时候，就隐含了自由和交换这样一个道，但是在不同的社会条件下，市场的定义也是不同的，因此"市场"这个名，并没有准确地显现出其所隐含的道。

为了进一步明确我们跨界中这个界的含义，我们不得不使用一些具有歧义的语言来表述这个界，这是一种无奈的选择，也是我们需要跨界的一个重要原因。如果我们的词汇本身就无法清晰地表达不同领域的界限，我们还有什么理由被这些含混不清的词语所限制呢？可悲的是，在现实中，我们的头脑无时无刻不被这些词语所限制，使我们成为各种限制下的奴役。

个人组织和社会的界

对于由于度量单位所形成的未知之界，如浩瀚的宇宙，我们心存敬畏，暂且搁置一边，我们重点关注一下已经被人们所认识，建立在人类自身结构和意识之上的界。

当前人类社会最为明显的界限就是国界，这种界是政治经济和文化的历史沉淀物。国界的力量是如此之强大，它几乎是历史上人类自我杀戮的唯一动机，在国界内杀人是一种罪恶，在战争中跨越国界杀人就成了英雄。在当前时代，国家可以成为不同政治体制、经济模式和文化价值的分界线，通过不同的治理模式进行国际间的竞争与合作。

虽然国家界线的力量如此强大，但是任何一个国家都意识到自我封闭的危害。李约瑟难题的答案就在于国界的限制，中国自己将自己封闭起来，是错过现代科技发展的重要原因。无论是美国的孤立主义，还是明朝的闭关锁国，都会在历史进程，也就是时间的跨界中受到惩罚。因此世界在不断地全球化进程中，逐步地跨越国界，进行包括环保、贸易、卫生和教育的一系列合作。这些合作不但促进了世界整体的衍化，也促进了人类环境的进步和发展，中国也是这一过程的受益者。

一般而言，一个国家治理中有多重领域的划分，政治、经济、文化、科技、国防、教育等内容，我们可以将这些领域再进行简化，把科技并入经济，国防并入政治，教育并入文化，诸如此类的合并归类，我们就在国家层面得到了三个界：政治界、经济界和文化界。

古时的界同"介"，中间是一个人，周围是对他的保护措施。从这个意义上说，界在人类早期主要是保护人们免遭外部的侵害。后来界的范围在不断地扩大，边界、界限、界线、范围等也成为界。随着人类知识的增加，时间、空间、行业、专业、产业、领域、学科、门类也成为不同的界。再后来通过引申，人类的思维观念、宗教文化、价值传统、意识形态、商业模式、体制机制等也成为重要的界。从组织层面看，边界是用来界定不同单位之间相互作用的界面，包括上述的各种元素，不管是有形还是无形。

物理边界是由结构、外部界限、规则条例等组成，它将组织视为可以明显与其他组织区别开来的有形实体。社会边界主要是人与人之间的社会联系所引发的，社会关系的重要作用就是使成员的集体身份显现出来，使组织成员按照组织所期待的方式行动。心智边界是指组织成员形成的对组织环境间关系的理解、观点和信念，并以此来引导个体和组织的未来行动。

事实上每一个人都是在这三种边界的共同作用下，既要受物理边界的影响，也要受社会边界和心智边界的影响。组织的边界会通过一系列的组织结构、制度和流程，转移到组织成员身上，成为组织成员的边界。

虽然界是对人的思想和行为的约束，但是界又是人思想和行为的依据，因此对于界的认识和把握，就成为一个人生存交往的重要技能。一个成熟的人，能够清晰地认识到自身的物理边界、社会边界和心智边界，并将这些边界和自身的行为、思维和意愿相匹配，在不同的环境中做出正确的选择。相反，如果没有对边界清醒的认识，就会造成对自身和他人的影响。

一个运作良好的社会、组织，乃至个人，会呈现出一种清晰而明确的边界，使人们能够比较容易地掌握相互之间的关系，做出正确的选择判断，从而进行正确的行动。如果组织制度模糊，结构庞杂，流程混乱，就会造成边界的模糊，使人产生困惑，最终不利于组织和个人的发展。

边界是清晰的，当边界需要进行变更的时候，需要边界影响的各方进行讨论和博弈，最终形成新的边界。一旦形成新的边界，各方的权利义务也要做相应的调整，从而形成新的社会关系和心智模式。

2. 什么是跨界

不同的跨界

既然人类社会的界无处不在，我们前进的每一步都可以称为跨界。在跨界创新领域，我们把跨界定义为打破或超越原有障碍的过程。当原有的界从保护我们变成阻碍我们，跨界就成为必须做的一件事。

个体的跨界是一件经常的事情，譬如从一个部门转移到另外一个部门，从一个城市搬迁到另外一个城市，从一个专业转到另外一个专业。在当前的社会环境下，大多数人都不会在一个城市、一个组织、一个部门，甚至一个职业里完成自己的一生，这些都需要通过跨界夹解决。从这个意义上讲，每个人注定是要跨界的，所以学习如何跨界具有非常实际的价值。

如果对跨界进行一下划分，可以有基于地域、市场和国家的跨时空跨界；也有基于产品、产业、技术等的跨行业跨界；还有基于学科、知识和思维的跨领域跨界；甚至是基于价值、意识、宗教和民族的跨文化跨界。这些跨界有一些是相对容易的，譬如说跨时空的跨界，从一个地方转移到另外一个地方。也有一些是相对困难的，譬如说从一个学科转移到另外一个学科。当然最为困难的是跨文化的跨界，这是对所有人的挑战。

跨时空是向更大空域转移的过程，通常是从一个区域走向全国甚至是全球，从个人而言是一种经历，从创新的角度而言，就是一个技术创新的市场扩散问题。在当前全球化的环境下，跨时空几乎成为个人和组织必须的选择，无论是个人的学习就业，还是企业的市场开拓，如果没有跨时空的支持，就会大打折扣。

跨行业则是要进入新的产业，推出新的产品。这需要技术创新、供应链重构等举动，难度相对较大。在当前的环境下，跨行业的创新越来越多，往往是一个行业的发展颠覆另外一个行业，很多行业往往在不知不觉中被跨界者消灭。

跨领域是跨界的重点，这是知识、学科和思维的综合反映，也是当前各种复杂问题解决的必然途径。交通领域的整治如果没有城市规划、人口数量调控、服务设施分布，甚至社会福利补贴等综合因素的协助，几乎是难以实现的。这些问题在环境保护、科技创新和社会治理等各个方面都有显现。

跨文化是一种无形的跨界，因此具有更大的难度。在不同的文化环境下，跨界具有不同的效率和质量。有人提出 21 世纪是文化和文明的碰撞，在经济融合的大背景下，不同文化的相互理解和包容显得尤为重要。

科学和社会

在科学共同体中，界就是科学的概念、规律、理论、模型和各种应用工具，科学家们通过对这些概念构成的界相互认同，形成了科学共同体。这个界并不是静止的，而是不断变化的。当上述的这些概念和规律等还没有形成统一的范式的时候，这个界是模糊的，只有当范式完全形成，某一领域头顶没有乌云的时候，才是真正界形成的时候。然而这种时期往往并不长，在常规范式下的研究逐步深入，又会发现各种反常的现象，这些反常现象对科学形成了阻碍，跨界就要发生了。

在社会共同体中的界就更加复杂，综合了社会的制度、体制、机制、政策、法律、文化和国际关系等。这些所有的内容被社会全体所接受，形成了一个有序的社会环境。随着社会生产力的不断发展，社会中的各种力量就会产生各种不均衡，原有的规范不再符合社会运行的实际情况，跨界就会发生。用马克思的话来说，就是生产关系不符合生产力的发展要求，需要生产关系做出调整。

我们可以看到科学共同体的跨界有着自己不同于社会共同体的自身规律，科学领域的跨界往往是无形的，它带来了生产力的发展，而生产力的发展又带来了生产关系的调整要求。也就是说，科学领域的跨界是相对独立于社会存在的，这也解释了为什么科学家要冲破种种社会限制，进行科学创新的过程，因为这些跨界是发生在其思维层面上的。虽然科学领域的跨界是相对独立的，但是也要受到社会领域的种种限制，也就是马克思所说的生产关系反作用于生产力。

跨界的国际认识

国际上也在对跨界现象进行研究，但是由于社会结构和运行的差异，跨界的必要性和动因和中国有很大的不同。在中国近40年的发展过程中，改革开放一直是政治经济转变的重要原则和路线，对内改革，对外开放，形成一个用跨界来推动发展的运行体系。

西方学者曾经论证了西方企业进行跨界合作的必要性及其动因，主要有以下三个目的：缓解社会性难题、获得外界的资金支持、获得优良的公众形象及知名度等。这些目的在中国的企业看来，都是一些非常基础性的想法，远没有达到跨界要解决的政策、资金、技术和管理等问题的要求。这表明跨界创新在中国是一项必备的生存手段，而在西方只是一件锦上添花的事情。

还有的西方学者将跨界作为一种不同组织之间资源共享的手段，提出共享物质（如办公空间和设备）、财力（如资金、捐赠）和管理（如自我治理机制的建立）资源是跨界合作的前提，越多的共享资源，会促成越紧密的合作。这样的跨界就更不具备太大的价值了，将跨界降低为一种资源的共享和补充。

在跨界的组织上，西方学者提出了一些有价值的借鉴，譬如说，他们提出只通过单一的跨界合作联盟，往往不能获得成果，需要多种跨界联盟共同发挥作用。在此基础上，也有学者提出了多种跨界联盟组合的概念，并将多种跨界联盟进行了分类：基于功能的跨界（营销、制造），基于治理的跨界（股权、非股权），基于行业、技术的跨界，基于不同国家的跨界或者组织类型（营利、非营利）的跨界。无论是基于什么样的目的，跨界的确为组织提供了更加广阔的发展空间。

在知识环境纵深或宽广两种不同的知识环境下，跨界合作伙伴种类的多样性和跨界合作伙伴的熟悉度对创新绩效产生有着不同的影响。跨界种类越多，跨界主体越能接触到更多独特的资源、技能和经验，扩大自己的知识边界。但同时，需要付出的对不熟悉伙伴的交流成本，监控和协调成本也增加。收益呈线性、成本呈指数化、相减结果呈倒 U 形，这说明跨界并不是越多越好，也有一定的边界。

同理，越紧密的跨界合作伙伴关系，越有经验共享知识并合力从外界获取知识。不利的方面是，合作的惯性以及路径依赖会使后续合作更不灵活，消减寻找更合适替代伙伴的愿望。

不同的跨界来源

在科学创新中，跨界是一个跨领域和跨时空并存的过程。我们从机电形似性原理到惯容器研发的过程，来看一下科学共同体是如何进行跨界的。惯容器是一个从电学中派生出的概念，其实质是一个蓄能器，因此惯容器又称为惯性蓄能器或惯性质量蓄能器，同弹簧和阻尼器一样具有两个独立、自由的端点。

科学家们发现机械系统与相应的电路系统，在简谐激励条件下的数学模型具有相似的形式，在此基础上建立起来的对应关系称为机电相似理论。这种不同领域的相似性引发的科学探索和研究，是科学家思维创新的一个重要源头，很多创新都是在这种预测和联想中产生的。

从惯容器思路的产生，到近百年科学家们的持续研究的发展过程来看，我们可以看到科学领域的跨界并不是没有任何方向性的盲目行为，而是根据一定的假定和猜想来进行的。并且在跨界的过程中，科技共同体起着重要的作用，科学家们在这个平台上根据共同研究的成果，持续接力推进一项科学研究的深化。

在社会领域也存在着很多跨界的行为，我们在对国家级科研院所的调研中，发现很多院所之所以能够持续不断地创新，很大程度上是从社会中找到了自身的定位。跨界不但产生在科技领域，而且社会领域的跨界，给了转制科研院所以更大的生存空间，中国纺织研究院浙江分院就是一个非常典型的案例。

在早期以国有企业为主导的纺织行业时代，北京、河北、辽宁等北方地区也有很多纺织企业，后来随着民营企业的发展和主导市场往江浙一带转移，北方纺织企业逐渐没落。这是一种非常正常的现象，产业的转移和兴盛并不是以资源为第一要素，而是以适应市场的能力为第一要素。

作为产业研究院的中国纺织科学研究院长期设立在北京，如果不能跟第一线产业用途相接近，就会逐步地远离市场，可能会慢慢被行业淘汰。当时中纺院提出要"融入产业一线当中"——作为产业技术研究院必须深入产业的第一线，这无疑是一个正确的跨界举措，于是中纺院浙江分院应运而生。

浙江分院通过建立公共服务平台，实现了自身发展，也促进了当地产业的技术进步和转型。如果公共服务平台搭建得好，能把高校的资源、研究院的资源、企业资源和地方政府资源高度地融合在一起，就会成为一种真正意义上的跨界创新运行模式。

3. 什么是跨界创新

思维的约束

认识到界和跨界的基本定义，我们也就对跨界创新有了一定的认识。如果说界是一种阻碍，跨界是超越和突破界的话，跨界创新就是在旧的边界突破的同时建立新的边界的过程。

托马斯·库恩在提到范式的概念时，提出了前范式科学—常规科学—科学变革—新常规科学四个阶段。这四个阶段就是一个科学共同体在不断地建立边界和打破边界的过程，这个过程我们可以把它统称为跨界创新。当然这种跨界创新只是一个整体科学演变的概念，是一个狭义的概念，而现实中的跨界创新则要复杂得多。

首先跨界创新体现在个人的思维层面上，也就是一个人的思维模式被打破，重新建立起新的思维模式的过程。人的思维是一种知识和逻辑积累的过程，这种积累形成了个人的经验。一个人的经验越丰富，也就具备越强的应对外界环境变化的能力，然而也就具备了越多的思维定式。

譬如说我问过科学家们一个问题："为什么我们买来的草坪，杂草总是比草坪长得快，需要我们不断地去修剪它？"很多人都会有不同的解释，有人说因为杂草具有比较强的杂交优势，也有人说杂草更能够适应不同的环境，还有人说杂草能够汲取更多的水分和营养。这些答案似乎都有道理，但是问题并不出在杂草身上，而是出在我们的思维层面。之所以杂草长得比草坪高，是因为我们认为长得高的就是杂草。

很多时候我们的思维会陷在一种自洽的环境里面不能自我醒悟，就像是我们给杂草的定义就是那些不整齐的草，根本不会去注意它是草坪本身，还是外部杂草的入侵。思维的障碍在这个问题里面表现出来的是：问题就是答案，或者说答案就是问题。这样的情况还有很多，譬如说："为什么坏孩子都不听话？"因为我们认为不听话的就是坏孩子。譬如说："为什么富人会不断地压榨穷人？"因为我们认为压榨穷人是富人致富的原因。

科学发现中就不乏这样的例证，因为对自己的经验深信不疑，以至于错过了重要的发现。1817年，菲涅耳①在他弟弟的帮助下，提出了惠更斯—菲涅耳原理，这一原理解释了光的直线传播规律，提出了光的衍射理论的子波解释。当时波动理论的反对者泊松②想推翻菲涅耳的观点，提出如果波动理论成立，那么用一个圆片作为遮挡物时，

---

① 奥古斯汀·让·菲涅耳（1788—1827），法国物理学家和铁路工程师，被誉为"物理光学的缔造者"，完善了光的衍射理论，确定了光是横波，推出了反射定律和折射定律的定量规律。
② 西莫恩·德尼·泊松（1781—1840），法国数学家、几何学家和物理学家。惯于应用数学方法研究各类物理问题，并由此得到数学上的发现。他对积分理论、行星运动理论、热物理、弹性理论、电磁理论、位势理论和概率论都有重要贡献。他改进了概率论的运用方法，特别是用于统计方面的方法，建立了描述随机现象的一种概率分布——泊松分布，推广了"大数定律"，并导出了在概率论与数理方程中有重要应用的泊松积分。

光屏的中心应出现一个亮点,这是违背现实的。菲涅耳和阿拉哥根据泊松的提示,精心设计了一个实验,确认了这一亮斑的存在,证明了这一预言的正确性。反对意见却成了支持波动说的强有力的证据,人们为了纪念这一极具戏剧性的事实,就把衍射光斑中央出现的亮斑称为"泊松光斑"。

相似的遗憾发生在化学界,1830 年,德国著名化学家维勒[①]在研究中发现褐色铅矿中含有多种颜色的化合物,以红色化合物最为显著。他想当然地认为这是早已知道的铬[②],因此没有进行进一步地深入研究。几年后,瑞典化学家塞夫斯特姆[③]经过研究确定了这种红色化合物是新元素:钒[④]。塞夫斯特姆就成了钒的发现者,而维勒却因为自己思维上的障碍,没能进行进一步研究,从而与科学发现失之交臂。

思维的障碍不但发生在科学界,也发生在社会其他领域,很多人都因为受环境和经历的影响,难以跳出思维定式。晋惠帝[⑤]听到民间发生灾害,老百姓没有饭吃,他提出了自己的解决方案:"百姓无粟米充饥,何不食肉糜?"据说这样的事情也发生在法国,当时的玛丽

[①] 弗里德里希·维勒(1800—1882),德国化学家,因人工合成了尿素,打破了有机化合物的"生命力"学说而闻名。
[②] 铬,化学符号 Cr。
[③] 塞夫斯特姆(1787—1845),在研究斯马兰矿区的铁矿时,用酸溶解铁,在残渣中发现了钒。
[④] 钒,元素符号 V,银白色金属。
[⑤] 司马衷(259—307),即晋惠帝,晋武帝司马炎次子。

公主①提出老百姓没有饭吃，为什么不吃点蛋糕呢？

有一个外国朋友到中国来，吃饭的时候找服务员要一瓶水，他说："请给我一瓶水。"服务员的回答是："Sorry, I do not speak English."无论外国朋友说什么语言，在服务员思维中已经成为一个定式，那就是外国人说的一定是外语，而不是认真地倾听对方。

思维定式对于维护一个组织和社会的稳固具有实际的意义，但是当社会变革时，又会成为社会进步的阻碍。鲁迅曾经对麻木不仁的同胞"哀其不幸，怒其不争"，甚至成为落后势力的帮凶，期望从刽子手那里买一个人血馒头。哥白尼的《天体运行论》出版过程中，不但受到教廷的压力和迫害，而且有很多出版商对作品进行删改，这些都是因为他们的思维已经根深蒂固。

思维跨界难就难在它很难自我发现，因为我们的思维往往是作为应对外部变化的工具使用，当自身出现盲点的时候，就很难觉察。我们如果注意一下微信的朋友圈，就会发现每个人的注意力都会有自身的立场和偏好。就像是瞎子摸象，这些立场和偏好是如此的不同，以至于我们都怀疑大家是不是生活在一个相同的世界里。

有的人在朋友圈里专注于某一领域的技术发展和进步，每天都将本专业的技术进展进行展示；也有的人专注于自己的生活，每天就是自己的吃喝玩乐和周游列国；还有人则是不断地怀念过去，觉得人心不古，世风江河日下；还有的人则是歌颂新时代，觉得中国赶美超英已经实现。我曾经设想请这些朋友在一起交流一下自己的思想感受，

---

① 维多利亚·亚历山德拉·爱丽丝·玛丽（1897—1965），是英国国王乔治五世和玛丽王后的第三个孩子，也是他们唯一的女儿。

但是发现这种交流很难组织，这充分证明了跨界的困难。

跨界创新是科学和社会的交集

我们之所以关注思维的跨界，很大程度上是因为思维是一切跨界创新的基础，如果没有思维的支撑，跨界创新的难度将会大很多。有了思维上的跨界，还需要有良好的外部环境，只有通过环境的约束和支持，思维的跨界才不会被埋没或是偏离方向。这种外部环境既有科学共同体，也有社会共同体，可以说，跨界创新是科学共同体和社会共同体的交集部分。

跨界创新发端于科学共同体，通过科学共同体的检验和认可成为科学技术成果，然后就进入社会共同体中。社会共同体根据社会的需求情况，对科技成果进行不同的资源配置，从而影响和决定了科技成果进一步的发展走向。和科学共同体不同，社会共同体的价值观念并不完全统一，需要解决的跨界问题就更加复杂。也就是说，跨界创新并不单纯是科学共同体内部的事情，而且是社会共同体的事情。

2001年，国际海事组织[①]要求在所有船只上安装船载记录仪，以便对船只的管理和事故原因的分析。根据当时的估算，中国的海洋市场需求至少在1200亿元以上，这引起了船舶电子领域的极大关注，很多企业跃跃欲试。当时中国市场上并没有这一技术，于是H公司决定研制开发这一产品。

---

① 联合国负责海上航行安全和防止船舶造成海洋污染的一个专门机构，总部设在英国伦敦。

在产品的研制开发过程中，科学理论方面是一个公开的平台，科学家可以通过各种论文和文献获得在实验室层面的研制工作。然而当实验室成果需要向样品转化的时候，就需要其他领域人员的参与和支持。譬如说机械加工问题，产品的稳定性问题，外壳材料的高温高压问题，这些都需要不同领域的知识和技术来解决。这些不同领域的专家需要有很好的沟通交流机制，才能协调处理各种研发过程中的问题，甚至需要有一个"全才"的专家来统筹。

这个阶段的跨界创新主要在不同的学科领域之间，需要通过科技人员的专业知识和沟通能力来完成，对于相对成熟的技术而言，难度相对小一些。这些跨界合作的目的是最终形成产品，获得船级社[①]的认可，这就从科学共同体转向了社会共同体。一个科学思想的发现可能不需要太大的资金投入，但是一个科技产品的研发就需要大量的外部资金支持了。这些资金之所以愿意投入产品的研发中，主要基于对市场需求的预期，只要有足够大的投资回报，就会吸引资金进入创新的过程中来。

对 H 公司非常不利的是，2002 年，世界海事组织根据船东们的意见，修改了船载记录仪的安装范围。市场预期从原来的 1200 亿元，降到了不足 100 亿元的市场规模，这对参与方来讲无疑是一个巨大的打击。在社会共同体中，政策环境是一个很大的影响因素，很多科技

---

① 验船协会、验船机构，是一个建立和维护船舶与离岸设施的建造和操作的相关技术标准的机构。船级社主要业务是对新造船舶进行技术检验，合格者给予船舶的各项安全设施并授给相应证书；根据检验业务的需要，制定相应的技术规范和标准；受本国或他国政府委托，代表其参与海事活动。有的船级社也接受陆上工程设施的检验业务。

创新需要和外部的政策环境相适应才能生存。当国家支持新能源汽车的发展时，就会有购车补贴、车牌免摇号等支持，但是当国家觉得新能源汽车已经可以自我发展的时候，这些政策支持力度就会减小。一项科技成果如果能够遇上积极的政策环境，就会吸引更多的社会力量参与进来，从而促进自身的发展。

当 H 公司遇到这样的政策变化时，他们采取了和大型船东联合开发应用的模式，这样科技企业和用户的跨界，就分散了研发过程中遇到的风险。当然船东通过参与科技产品的研发，不但降低了自身将来的采购和装备成本，也会带来一定的资本投资收益。科学家和企业家在科技创新的不同阶段起着完全不同的作用，科学家对早期的科技创新起着关键性作用，但是到了社会化阶段，科学家往往难以掌控复杂多变的社会力量，这需要企业家发挥他们的价值。

H 公司通过和船东的联合，顺利地度过了最为困难的研发阶段，进入产品的生产环节。熟悉工业产品生产的人都知道，大规模工业生产需要厂房、设备和技术工人等的大量投入，一般科技型创业企业很难承担。在这一阶段，H 公司再次和知名的工业企业进行资本合作，从而获得他们在厂房设备方面实际的支持。H 公司利用和对方建立合资企业的方式，降低了自身的固定投入，分散了财务压力，加快了产品的生产进程。

在产品投产并进行市场销售之后，H 公司针对市场规模比较小，销售客户比较分散的问题，开始向船舶电子的其他方面扩展产品线。这种从一点进入，通过面向同一客户进行产品多元化的跨界，对于节省市场销售成本，提高自身竞争力是非常有效的方式。然而这一多元化的过程需要更多的资金支持，也就使得 H 公司不得不向资本市场靠拢，选择合适的时机进入证券市场，进行 IPO。

进入资本市场之后，H 公司就具有了更强的资本运作能力，能够在自身科技创新的同时，通过并购的方式获得其他技术和产品，快速地扩充自己的产品线，实现全方位地为船东服务。当公司发展到一定的规模之后，国家开始注意到这家公司为国家船舶和海洋事业发展带来的价值，于是通过科技奖励、财政补贴、专项课题经费等各种形式，支持 H 公司的发展。

H 公司在科研机构、政府和资本市场的支持下，形成了一定的市场竞争力，这就为开拓国际市场创造了条件。从国内到国际，又是一次跨界的过程，这种跨界不单纯是产品、资金或是市场问题，更是跨文化沟通和跨国际交流问题。通过对不同文化环境的理解，对国际环境的本土化，实现跨国经营，H 公司经历了又一次跨界创新。

我们看到 H 公司从最初的一个想法，到变成具体的公司运行，从科技成果到科研产品，从产品运作到资本运作，从国内市场到国际市场，几乎每一步都是一个跨界创新的过程。这些跨界创新不是某一个人可以全部完成的，而是一个团队跨界合作的结果。

当我们回顾一次跨界创新过程的时候，我们会发现跨界创新不是一个环节，而是一系列的过程。在任何一个组织的成长过程中，跨界创新几乎是它的主旋律，如果在某一个阶段停止下来，就意味着失败和消亡。同时跨界创新一定有一个核心团队在主导，对一个企业来讲就是企业家团队。因为有了企业家团队的存在，才能在企业家精神的支持下，将跨界创新进行到底。我们之所以要把经济放在社会的核心地位，就是因为只有这样才能培育出企业家精神，才能推动跨界创新的产生和延续。

第二章

跨界创新的理论基础

一、科学共同体推动范式革命

科学范式

人类的科学技术是如何产生的？这似乎是一个非常简单的问题，因为人类发展的历史明明白白地摆在那里。事情似乎又不是那么简单，因为不同时期、不同国家对于科学技术的认定似乎并不完全相符合。中学课本里面的牛顿、瓦特、焦耳、笛卡儿似乎是神一样的存在，没有人对他们创立的科学体系提出质疑。事实上这些都是人类在近几百年时间里才形成的知识，这些知识之所以成为共识不得不归结为科学共同体的作用。

从大家所熟知的诺贝尔奖来说，与其说给科学家物质上的奖励，不如说是对他们科学研究成果的认可。这种认可不是某个人或是某个组织的认可，而是代表了整个科学共同体的认可。正因为诺贝尔奖具有这样的价值和意义，才能够得到世界各国的重视。虽然我们可以设立一个奖项，奖金数额远远大于诺贝尔奖的水平，但是并不意味着它能够达到诺贝尔奖的公信力，这就是科学共同体的价值。

一种理论能够解释一定的自然现象，大家把它看作科学，当越来越多的现象违反了这一理论的时候，科学便成为谬误。从人类对于力学知识的认识来说，在亚里士多德时代的人看来，物体必须基于外力的推动才能运动，这就是科学，而到了牛顿时代，则认为外力不是使物体发生运动的原因，而是改变了物体运动状态的原因。

美国科学史家托马斯·库恩，在前人思想的基础上提出了科学范式的概念。范式大体说来就是一个科学家群体所普遍接受的共同信念，一种得到普遍承认的科学成就，它包括科学概念、规律、形而上学理论、解题模型、范例、应用及工具等在内。只要一种科学成就得到科学家群体的普遍认可，那么就被认为是科学，否则就不能称其为科学。所以说亚里士多德的力学思想被牛顿的三大力学公式给推翻，而爱因斯坦的量子力学又对牛顿力学的适用范围提出了挑战。

在牛顿力学被广泛接受并成为某种范式之前，亚里士多德的思想就被称为科学，但是当牛顿力学思想被广泛接受，那就产生了新的范式。人类科学技术的进步正是在这种范式不断创造的过程中实现，而这种过程有一个基本的规律：前范式科学—常规科学—革命科学—新常规科学，而表征每一阶段的核心是"范式"。

前范式科学指的是在范式形成之前的研究和探索，譬如说哥白尼、开普勒和伽利略等人对天文学的研究。在他们的研究过程中，既有对于天文学正确的认识，也有不少旧有思想影响下的错误。譬如说哥白尼虽然否定了托勒密的地心说，但是又陷入了自己的日心说，科学就是这样进三步、退两步地前进。

当范式形成之后，科学家群体就在共同的理论指导下，开展对现象的研究和解释工作，来提高范式的应用范围。在这一阶段，科学突破性发现的要求在降低，而科学转化为技术的要求在提高，科学的突破开始让位于技术的突破。我们所说的科技创新往往发生在常规范式阶段，体现为技术和应用的密切结合。

随着研究的深入，范式逐步被大量的反常现象所困扰，不得不寻求新的科学解释，此时就会有新的科学革命产生。科学革命往往是伴随着理论危机产生的，又是伴随着科学发现而停止，然后是技术革命的产生。这样的一个过程循环往复，科学家群体不断地进行研究上的接力，最终形成了科技的发展。

科学共同体

由于范式的存在，也就产生了一个科学家群体的概念，也就是科学共同体。科学共同体是新旧范式之争的仲裁者，一项科学革命只有被科学共同体所广泛接受，才能真正成为指导科技发展的范式。虽然范式本身有新旧之分，但是科学家本身并不能简单地归类于新范式或者旧范式。一个科学家的头脑中，应该是旧范式和新范式的组合，随着研究的深入，旧范式逐步向新范式转化。从这个意义上讲，范式的转化不但是科学认识的转化，而且是科学家思维方式、世界观、认识论和方法论的转化。

科学共同体是如此的重要，可以说是一个国家科技创新的守门人。如果科学共同体有着良好的学术理想和规范，通畅的沟通和交流渠道，平等的学术评价机制，严密的知识产权认定方法，就会促进科学技术的发展。反之，如果科学共同体无法保证良好的学术环境和氛围，也就会损害科学技术的发展。在很多国家，虽然有相对自由的言论环境，但是对于学术研究却非常的严格，这是保持学术共同体声誉的基本要求。

自 20 世纪 70 年代，日本业余考古学者藤村新一不断发现日本旧石器时代的遗址，事实上大多数都是他自己提前埋进土里的。后来日本内阁官房长官和文化厅长官要求彻查此事，最终导致藤村个人被单位除名，与妻子离婚，一度住进了精神病院。

同样的情况也发生在韩国，国宝级科学家黄禹锡由于在干细胞领域的成就，获得了大量的研发资金，甚至享受政府保镖服务。2005 年首尔大学的调查发现，黄禹锡发表在《科学》上的干细胞研究成果都是造假的结果，引起了科学界震惊。首尔大学解除其教授职务，政府最终判处黄禹锡有期徒刑 2 年、缓刑 3 年的处罚。

之所以对这些学术造假者以严厉的惩罚，是因为他们不但以造假获得了名利，而且严重地误导了科学共同体的整体判断。科学共同体的功能主要表现在能形成持续的科学研究能力，对科学成果进行同行评议，为科学家提供更多的学术交流的机会等。如果有虚假的内容进入科学共同体中，就会影响到整体功能的运行。

一个国家科学共同体的价值体现在对学术开放性和流动性的促进，学术交流包括内部研讨、学术报告、非正式交流、学术会议、学术访问和交流、项目协作等。科学共同体还借助学术期刊、科技出版、电子网络平台、各种 APP 交流工具等交流科学信息。除此之外，学术共同体还出版各种公开的和非公开的、正式的和非正式的、定期的和非定期的简报、通讯、学报、会刊、杂志、论文集、专著、科学普及读物等。

由于科学共同体承载了科学创新的原生动力，因此一个国家的科学水平，可以通过对科学共同体的规模、质量和活跃程度来判断。值得注意的是，在对科学共同体的判断过程中，科学共同体的开放性也是一个重要的评判因素。如果一个科学共同体具有比较强的开放性，自然也就能够吸收国际最新的科学发展成果，而不是闭门造车。

科学共同体成为一个共同的平台，科学家们可以在这个平台上进行更深入和专业的研究，正如牛顿所说："如果我看得比别人远，那是因为我站在巨人的肩膀上。"这个巨人就是科学共同体，正是这个巨人的存在，使得科学家不需要从最基本的研究入手。然而随着专业分工越来越细，科学共同体之间的沟通和联系也逐渐限制了科学家们的思维。

石油化工领域的金院士在提到自己的成长经历时说："我在俄罗斯留学时最大的收获不是获得了学位、学会了俄语，而是和不同专业领域人的交流。当时我们每个周六下午两点到四点，不同学科的人聚集在一起，讨论各种各样的技术话题。这使我学会了从物理学角度看待地质问题，从数学角度进行地质分析，掌握了和其他人不同的思维方式。"事实上，科学共同体之间如何有效地沟通连接，在当前专业划分越来越细的背景下，已经成为一个迫切需要解决的问题。

科学共同体不是圈子文化，而是基于对科学和真理的探求。在学术圈里面有一种不好的文化，就是通过不同的立场来相互维护，而不是站在真理的角度去思考问题。如果是自己圈子里的人，无论是一个导师，还是一个学校，甚至是曾经的合作对象，就可以给予在项目评审、论文发表和评优评奖等方面的特别关注。这种基于社会文化的做法，正在损害着科学共同体的声誉，也是对坚守真理者的不公。

科学家是有国界的，但是科学是没有国界的。科学共同体代表人类对于自然和未知探索的最高水平，不能局限于某一个群体和国家，而是全体人类共同的平台。在这样一个平台上，科学家们充分分享着各自的研究成果，并以此来推动人类的进步，对他们最好的奖励不是金钱，而是推动人类发展的荣誉。

二、社会共同体决定科学共同体的开放程度

整体和个体

为什么一定时期内某个国家或地区人才辈出，有的地区却对科学发展毫无贡献？这里面有科学天才的原因，但是也有更加复杂的外部原因。在科学共同体之外，还有一个更加广泛的社会环境，也就是社会共同体。马克思指出："人的本质并不是单个人所固有的抽象物，在其现实性上它是一切社会关系的总和。"① 科学技术作为社会发展的一个重要支撑，并不是独立存在的，而是受更加广泛的社会环境约束。科学家本身也不是独立于社会，而是受整个社会环境的影响。虽然现代社会赋予了个人以更大的自由，但是个人依然在依托社会共同体实现我们自身的发展。

历史是不断向前发展的，我们可以从历史的发展中寻找人类进步的规律。马克思曾经提出："我们越往前追溯历史，个人就越显得不独立，从属于一个较大的整体。"② 从最初的原始社会，到奴隶社会，到封建社会，一直到资本主义和社会主义社会，人们的独立性在不断增

---

① 《马克思恩格斯选集》第 2 版第 1 卷第 60 页。
② 出自《〈政治经济学批判〉导言》。

强。这种个人独立、个性自由的趋势，不但给人以更加幸福的生活，也为科技创新提供了个体上的条件。就像身体戴着镣铐无法起舞一样，心灵戴着镣铐也无法创新。

我们强调世界的整体性，不是说个体从属于某一个整体，而是个体组成了整体。因为个体本身的独立性，具有自身鲜明的特征，才有了相互的认同。强调整体的价值，忽略个体的权利，不是社会共同体的本意。在中国传统文化中，由于长期存在君臣父子这样的思想禁锢，所以尤其要注意这方面的问题，避免因为强调整体性而扼杀个体的创造性。

整体对局部的影响不可低估，有一些发生在科学领域的事件，因为有了社会力量的参与，就变得更加扑朔迷离。譬如说H大学的H老师，因为发表在某国际权威刊物上关于基因编辑技术的论文，受到各方的瞩目。其本人不但获得了H省科协副主席的职务，而且直接促成了一个重要项目得到批复和资金支持。虽然这篇论文没有得到科学共同体的认可，他本人撤回了相关论文，却没有改变他已经获得荣誉和支持的现实。

还有一个科学家，因为在一次学界争论中，没有按照导师的意愿去发表自己的看法，结果在这个科学家评选院士的时候，导师对他进行实名举报，说其存在学术不端行为。作为评审机构，出于减少争端的考虑，自然就否决了其院士候选人的资格。这种将科学共同体的争端付诸社会共同体的行为方式，将科学蒙上了社会化的外衣，自然也会损害科学独立的精神。

事实上，作为一个重视三纲五常和家族意识的国家，很多约束不但来源于政府，而且来源于社会关系。中国科技发展不但受制于教育体制和目标，很大程度上也和过分重视社会关系有很大关系。传统家庭中光宗耀祖、人前显贵的观念和长者为尊的管理方式，扼杀了很多人的独立性和好奇心。没有了独立的人格，就失去了创新的兴趣和勇气，也就更难以对抗社会共同体的影响。

社会共同体

社会共同体像科学共同体一样，也有自身的价值理念、规则和制度。如果再进一步细分，我们可以将社会共同体分为政治共同体、经济共同体和文化共同体，由这三者组合形成社会共同体。在阶级社会里，成员们为了本阶级的利益，结成了具有阶级性的政治团体，如国家、政党等，形成了政治共同体。同时围绕着一定的经济目标，不同的成员组成了基于经济的团体，如公司、合作社、产业联盟等，形成了经济共同体。还有一些根据家庭、家族、兴趣、爱好等组成的社会团体，他们分享着相同的文化理念，形成了文化共同体。

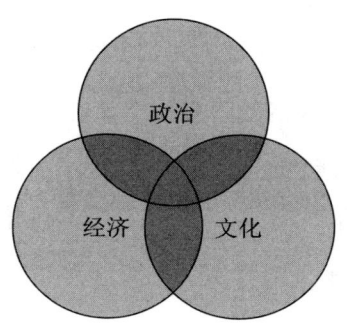

图 1　认同型社会

一个社会共同体的顺利运行，有赖于政治、经济和文化共同体的相互融合。如果政治共同体不允许经济共同体的自由发展，那就会影响社会共同体发展的效率，同理，如果文化共同体和经济共同体存在冲突，就会影响社会共同体的和谐。我们把三种不同共同体之间相互协调的过程叫作认同过程，实现三者认同的社会叫作认同型社会。

马克思依据人的自由程度，把社会共同体的发展分为三个阶段：人的依赖关系时期、物的依赖关系时期、个人全面发展时期[①]，这三个时期基本对应了前资本主义社会、资本主义社会和共产主义社会三个社会发展阶段。事实上，任何一个阶段不是突然产生的，也不是突然就会消亡，而是在社会共同体中起着不同的作用。尤其是在人们的思维层面，往往会将不同阶段的文化沉积起来，成为一种混合体。

在"人的依赖关系"阶段，形成了政治关系，人和人之间通过一定的关系和结构结合起来，形成社会的基本形式。在人类的早期阶段，人类主要通过各种政治形式实现整体的联系，形成以政治为核心的社会共同体，经济和文化成为政治的附属职能。

随着生产力的发展，经济在人类活动中占有更加重要的地位，"物的依赖关系"开始变得重要起来，于是经济关系成为社会共同体的核心，政治和文化成为经济的附属职能。

当人类物质生产能力达到一定的高度，"个人的全面发展"成为社会共同体的主要目标，形成以文化为核心的社会共同体，政治和经济成为文化的附属职能。

---

① 出自马克思《经济学手稿（1857—1858）》。

当前人类社会已经进入或超越了资本主义社会,"人的依赖关系"除了在个别领域具有较强的影响力之外,在大多数社会领域已经让位于"物的依赖关系",甚至在个别领域已经由"个人全面发展"占据了主要地位。当前社会呈现出一种三种关系并存的社会现象,虽然经济占据了主要领导地位,但是还不能离开政治和文化的辅助作用。社会共同体在现阶段体现为政治经济和文化相互融合,经济作为主要领导因素决定着社会共同体的发展水平。

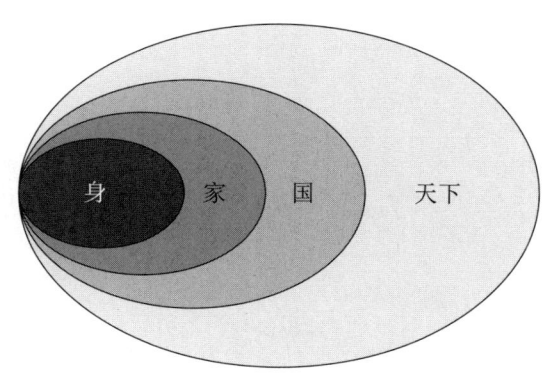

图 2　社会共同体

社会共同体并不完全是一个宏大的整体,而是一系列不断从小到大逐步放大的共同体的集合。中国人自古就有修齐治平的思想,一个人自我修养达到一定程度,就要建立一个和谐的家庭,这个家庭就是一个以血缘关系为纽带的小的共同体。在建立家庭共同体之后,个人以及其家庭作为一个新的单元,和其他的单元一起,建立一个更大的社会共同体:国。这里的国并不是现代意义上的国家,而是指周王朝背景下的诸侯封国,近似于我们现代所说的各类具有独立性的法人组织。也就是说，在建立了血缘共同体的前提下，还可以建立一个基于不同价值理念的组织共同体，去完成一定的目标。

每个人都是社会共同体的产物，需要接受社会共同体的制约，科学家也不例外。由于社会共同体往往是以现代国家的形式出现，而科学共同体只是社会共同体的一部分，两者很难彻底地区分。一个国家社会共同体的开放程度，也决定着科学共同体的开放程度，所以一个开放的社会对于科学的发展具有重要的意义。

三、跨界创新链：创新的动源与过程

创新链

2018年2月6日，世界现役最强大重型运载火箭"猎鹰重型"从美国佛罗里达州升空发射。这次震撼人心的发射，不仅将一辆红色特斯拉电动跑车送向遥远的火星，而且"猎鹰重型"火箭两枚助推器的回收，也令人惊叹不已。这些成绩使人不得不对有着"硅谷钢铁侠"称号的埃隆·马斯克发出由衷的赞叹。

按照传统的人才分类，埃隆·马斯克并不是一个科学家，而是一个企业家，但就是这样一个企业家，却做出了人类航天史上划时代的贡献。马斯克本科毕业于宾夕法尼亚大学，最初学习的是经济学，后来辅修了物理学学位。大学毕业后1995年至2000年，埃隆·马斯克与合伙人先后创办了三家公司，分别是"Zip2""X.com"和"PayPal"。2002年6月，埃隆·马斯克投资1亿美元创办美国太空探索技术公司，出任首席执行官兼首席技术官。2012年5月31日，马斯克旗下公司SpaceX的"龙"太空舱成功与国际空间站对接后返回地球，开启了太空运载的私人运营时代。

马斯克取得这样的成绩，不仅在于其本人的杰出的跨界学习能力，而且在于其能够将科学共同体和社会共同体结合起来，形成一个跨界创新共同体。在马斯克背后，不但有优秀的技术专家，还有优秀的资本运营专家，不但有一个开放的市场环境，而且有一个开放的政府政策环境。跨界创新的成果具有一定的偶然性，但是对于跨界创新环境的要求是存在必然性的，否则就不会有成果的产生。

科学共同体是建立在科学理论的探索和研究的基础上的群体，这些群体并不是脱离于实际存在的。科学家的创新有时候是来源于自身知识的积累和兴趣，更多的时候来源于外部需求的牵引。当科学家受到外部环境影响的时候，科学共同体和社会共同体就产生了交集，这个交集就是科技和社会的交融区。

科技创新不是一步就可以完成的，而是存在一条很长的创新链条。在这个链条上，随着科学理论的不断具体化，需要越来越多的共同体参与进来，保证创新的最终实现。这个过程就像一列火车，起点是科学共同体，终点是社会共同体。从创新链的主要阶段来划分，创新链分为灵感、原型、成果、样品和商品五个阶段。

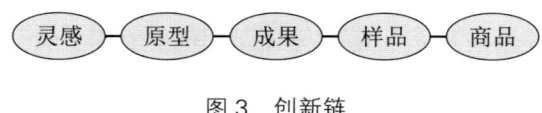

图 3　创新链

灵感阶段主要是出现在科学共同体的范畴内，科学家或科学家团队根据一定的假设，沿着理论和技术路线，形成了一个对于具体问题解决的想法。这个想法最初是以假设的形式出现的，但是通过理论的检验，符合科学共同体的预期和判断，也就成为科技创新的起点。

当灵感出现之后,科学家需要去建立一个原型,用具体的方式呈现出理论和技术需要的结果。这个原型不是天马行空的,而是在科学理论指引下的创新。这种创新不一定是原始创新,也有可能是集成创新或是二次创新,只要能够对外部需求做出实际解决方案就行。

原型建立之后,科技创新就已经具备一定的价值,但是这时候的价值还是理论意义上的。科学家通过对原型的不断试验和迭代,实现原型的逐步进化,最终形成一个可见的科研成果。当科研成果形成之后,科学家的使命基本完成,只要交由科学共同体进行验证认可,就可以宣布大功告成,鸣金收兵了。现实中很多的创新发起者并不是科学家,而是像马斯克一样的企业家,他们不会止步于原型的塑造,而是会坚持到底。

有些被科学共同体验证过的成果,不但具有学术价值,还具有社会价值。社会共同体中的政府会有一定的科技促进政策,金融机构会有一定的投资,企业会有一定的科技成果转化意愿,市场会有一定的使用需求。这些社会共同体的组成机构,会根据一定的组织形式,继续对科研成果进一步产业化,形成具备实用价值的样品。

当一件样品出现之后,企业会根据不同的使用价值和成本,确定一个适当的价格,将样品成批量地生产为商品。这些商品在市场上产生的销售收入会成为企业的投资回报,通过一定的形式反馈给创新链的各个参与方。各个参与方通过对创新链的参与,获得了相应的回报,也就促使他们可以持续地参与到其他科技创新的过程中。

科学产生既是各种反常现象不断出现,促使人们开始对旧有的理论和准则进行重新评估的结果,也是科学家知识积累到一定程度的一种爆发。当灵感开始产生时，往往仅限于科学共同体中的某些科学家，甚至是异想天开的企业家，根据自身知识和判断所产生。这是判断一个人是否具有创新意识和能力的重要标志，一个好的科学家或企业家往往具有特别强大的捕捉灵感的能力。以伽利略为例，他不但发明了天文望远镜，还发明了显微镜、温度计、浮力天平等多种科学实验和应用仪器。

当灵感产生之后，就进入了对原有理论和准则的挑战过程中，这时候需要建立新的原型，来验证新理论对旧理论的替代可能。进入原型制作的过程，这时候往往需要各种知识的综合应用，以及大量的模型分析。科学家个体的力量往往难以胜任全部的工作，需要其他相同或者不同领域科学家以不同形式的共同参与。甚至有一些参与者本身并不是科学家，而是技术工人或是原型使用的对象。通过这样一个创新群体的共同努力，原型得以成功地制造出来。

一旦原型产生，就证明了旧有理论和准则的不完备性，但是要建立一套新的理论体系，还需要不断地完善原型。原型要进化和迭代到成果阶段，则是需要更多人的参与才能实现。这一阶段不但需要人力的支持，也需要资金的投入才能完成。在创新体系建设比较完备的国家，在这一阶段就会有国家科技支持资金的介入，来帮助科学家实现最终成果。甚至有一些社会投资基金，也会在这个阶段作为风险投资投进来，以便得到成果转化后最大程度的投资回报。

科研成果转化已经成为世界各国科技竞争的焦点，提高科技成果的转化比率已经是国与国之间竞争的一个重要方面。为了实现科技成果产业化，科学共同体和社会共同体形成了一个坚定的战略联盟，各负其责，来实现两者的共赢。这个阶段往往是科学家和企业家，甚至金融资本家共同携手的过程，是社会精英最为集中的一个战场。

当科技成果转化为商品，科学共同体就完成历史使命，可以带着回报退出了，只有社会共同体来继续经营和完善科技成果的市场。全社会的消费者都会参与到这一进程中来，对科技成果进行最终的检验。这些使用反馈会形成新的市场需求，通过创新链逆向回溯，传递到科学家那里，为下一步的科学创新提供需求来源。

创新的源头

图 4　创新的源头

我们上面所说的创新链是一个理想的从灵感到商品的过程，现实中情况则是复杂得多。无论是微信还是淘宝，无论是高铁还是航母，很多时候创新并不是从 0 到 1，而是从 1 到 N。大量的科技创新并不是发生在原有科学范式被推翻的过程中，而是在常规范式下的细化和应用。创新链有可能不是一个从灵感到商品的正向发展，而是一个在现有商品基础上的升级，这个过程近似于逆向发展。如果说在正向创新中，创新的主体是科学共同体的话，那么逆向的创新中，创新的主体成为社会共同体。也就是某种社会需求在引导着科学家去探索，譬如说人类希望飞翔，促使很多科学家投入飞行器的研究中，这些研究呈现出很多的产品，但是并没有最终成为市场化的商品。直到莱特兄弟的时代，科学共同体的准备工作才趋于完备，借他们的手人类最终实现了飞机的产生。科学共同体就是为莱特兄弟、马斯克这样的企业家提供支持，使他们可以沿着自己的梦想去组织各种资源，推动科学技术变为现实应用。

在一个以物为依赖关系的发展阶段，社会需求是最大的创新源，吸引着各方投入创新事业中。在中国的创新成果中，很大程度都是社会需求引导的结果，在这些需求引导下，政府通过政策指引，将各方资源吸引到某个领域，实现科技的突破。以往那种关起门来做科学的经验，在目前的社会中越来越难，只有在科学和社会交融的环境里，各方的优势才能得到有效的发挥。

四、跨界创新共同体：综合竞争力的扩力器

科学的任务

在人类社会发展中，生产力的发展是主线，所有的生产关系都是围绕着生产力来配置的。邓小平认为："科学技术是第一生产力。"[①] 这一判断说明了科学技术在生产力中的地位，也说明了科学技术在人类社会中的地位。现代国家之间的竞争是综合国力的竞争，其根本是科学技术的竞争。由于科学技术在社会发展中所起的重要作用，所以很多国家都把发展科学技术作为国家的重中之重。

根据学者的统计，每隔 11 年，全世界发表的科学论文就会翻一番，每隔 12 年，科学论文的作者数量就会翻一番，科学共同体在社会共同体的滋养下，正在稳定地增长。同时科学已经不是一个人可以单打独斗，甚至不是一个国家的事情。科学合作发表的论文已经占到接近 90%，国际合作也上升到 20%。科学合作是如此的重要，每篇论

[①] 1988 年 9 月 5 日，邓小平同志在与捷克斯洛伐克总统胡萨克会见时，提出了"科学技术是第一生产力"的重要论断。他指出：世界在变化，我们的思想和行动也要随之而变。过去把自己封闭起来，自我孤立，这对社会主义有什么好处呢？历史在前进，我们却停滞不前，就落后了。马克思说过，科学技术是生产力，事实证明这话讲得很对。依我看，科学技术是第一生产力。

文的参考文献上升到了 30 篇，其中只有 10% 引用自作者自身的论文。在这样的数据支持下，我们可以得出一个结论，科学技术的进步是全人类的事业，不是某个组织和国家可以垄断的。

随着科学国界的弱化，美国在世界上领先的优势在缩小，日本、德国和中国正在科学的道路上奋起直追。为了打破原有的学科限制，扩大对社会需求的响应，像清华大学一样，很多跨学科的研究机构正在成立。

在前面我们曾经提到，中国的工业发展有着先天的缺陷，就是科研单位和生产企业的分离，这种分离构成了中国工业体制的二元制结构。随着计划经济向市场经济过渡，由于一个产品的研制和生产分别属于两个不同的法人单位，中间会存在很多难以克服的矛盾。科研机构完成研究后，希望能够通过生产实现自身利益的最大化，而工厂则觉得缺乏核心技术，也会想方设法搞研发。我们看到的创新链上，虽然也需要科学共同体和社会共同体的相互协调，但那是在市场机制下的合作。如果双方都是国有单位，反倒难以协调相互之间的利益平衡。

中国的科研院所是新中国成立以后集中国家大量资源建立起来的，不但有着良好的实验设备和知识积累，关键是集聚了大量优秀的科研人才。关于高铁、航母、蛟龙[①]、天宫[②]等高端技术的研发，科

---

① 蛟龙号载人潜水器是一艘由中国自行设计、自主集成研制的载人潜水器。2017 年 5 月 23 日，"蛟龙"号完成在世界最深处下潜，潜航员在水下停留近 9 小时，海底作业时间 3 小时 11 分钟，最大下潜深度 4811 米。
② 天宫二号空间实验室，是中国自主研发的第二个空间实验室，主要开展地球观测和空间地球系统科学、空间应用新技术、空间技术和航天医学等领域的应用和试验。

研院所起着主力军的作用。如何调动科研院所的积极性，如何实现事业单位改制，成为集科技创新和产品生产为一体的现代高新技术企业，是中国科技创新的重要任务。这些任务虽然需要科研人员的支持和配合，但是已经超出了科学共同体的掌控范围，需要社会共同体的支持。

社会的任务

我们知道社会共同体是由政治、经济和文化三个方面共同形成的，具体的承担人就是政府、市场和民众。这三者在促进科技创新方面有着不同的定位，政府需要通过各种政策的制定，解决传统的科研和生产隔离的问题，实现科研生产市场化的合作协调。市场则是通过各种经济手段，激发起科研工作者的创新热情，并尽可能地转化具有市场前景的科技成果。民众则要对政府和市场在科技创新中的一些政策和工具保持一种积极和宽容的态度，为科技创新创造一个良好的文化环境。

科技创新需要通过外部需求和知识迭代，激发起科学家自身的思维变化，形成创新过程，这就需要组织和社会创造一个好的外部环境。创新从本质上来讲是一个从微观个人层面，通过中观组织层面，最终到达宏观社会层面的过程。社会的约束和动力对于科技创新尤其重要，如果说科技创新是一个孩子的话，科学家只是将他生了出来，通过科学共同体验证这是一个健康的孩子。社会需要通过教育抚养，将他塑造成一个社会的有用之才，如果没有很好的社会环境，这个孩子很可能就会夭折。

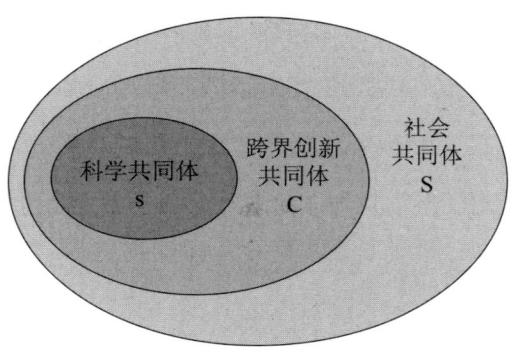

图 5　跨界创新共同体

科学共同体和社会共同体的交集，就是跨界创新共同体。一个社会的科技发展水平取决于这三者之间的规模和关系。如果我们把科学共同体称为 s，社会共同体称为 S，跨界创新共同体称为 C，在一个理想的情况下，三者之间的关系为：s<C<S，也就是说，在一个国家范围内，跨界创新共同体可能大于科学共同体，但是小于社会共同体。

当一个社会中科学共同体规模和质量有保障，那就意味着跨界创新共同体的规模有保障，也就具有比较高的科技创新能力。这个科技创新能力同时又是受社会共同体约束的，社会共同体的规模、结构和稳定性，也决定了科技创新共同体的上限。也就是说，如果社会共同体没有保障的话，科技创新能力将会受到很大的影响。

C 还表现为 s 和 S 之间的融合程度，当科学共同体和社会共同体相互融合的时候，也就是科技创新比较顺畅的时候，而两者之间出现背离的话，也就降低了 C 的数量和质量，影响到科技创新能力。一个国家的科技创新能力不但是要提高科学共同体的数量和质量，还要建立良好的外部社会条件，促进科技创新的生态环境形成。

各界认识到了跨界创新共同体的价值和作用，正在以各种形式促进外部社会条件的建立。在中国科协和清华大学等机构合作的科研助理培训项目中，就是要形成一批为跨界创新从事基础工作的"科学经纪人"。他们除了本身对科学技术的了解之外，通过学习还要掌握《课题申报和财会管理》《科技成果产权管理》《股权交易及投融资》《科技成果转化》等相关知识。

通过这些人员的培养，解决当前科研事业中普遍存在的诸多问题：一是从业人员紧缺，流动性强，服务不稳定；二是科研助理的业务水平和科学家的需求不相匹配，从事行政管理、财务管理、成果技术经纪等业务的专业能力不足；三是对于新知识、新政策、新动态的掌握不及时等。如果这些科研助理能够认真专业地完成科学家的辅助工作，将会对科技成果转化，形成更加高质量的跨界创新共同体具有重要意义。

值得注意的是，全球化的发展也给跨界创新共同体带来了巨大需求，跨国企业已经在全球范围内配置资源，打破了科学共同体和社会共同体的上限，形成一个更大的跨界创新共同体。在这方面美国的企业尤其如此，苹果、微软、谷歌、脸书等企业在全世界设立经营和研发平台，形成了自身巨大的科技创新优势。从当地汲取科学共同体的科技成果，然后向当地社会共同体提供产品和服务，可以说这些企业将跨界创新思想利用到了极致，改变了原来以国家为创新主体的格局。

在跨国公司看来，科学共同体 s 已经不再局限于一个国家，而是全世界范围，因此社会共同体 S 也相应地扩大。虽然在跨界创新的过程中，跨国公司实现了无边界运行，但是公司毕竟是有国界的。这种跨界创新的无边界和公司本身的有国界构成了一个国家强大的科技优势，这种科技优势又会转化为国力优势，成为国家竞争的重要支撑。从这个意义上讲，一个国家尤其是大国，必须要鼓励自己的科技企业实现国际化，通过跨界创新共同体的塑造建立自身的竞争优势，最终实现国力的增强。

五、认同理论是跨界创新的基础

跨界创新最重要的基础是认同理论,也就是个人组织和社会之间的相互认同。只有实现相互认同,才能形成一个整体,才能实现跨界和跨界创新。一个没有认同做支撑的个人、组织和社会,都不可能实现真正的跨界创新,更难以形成跨界创新共同体。

认同理论中首先要处理好政治、经济和文化三者的关系。一个国家中,政治、经济和文化三者的界限并不明显,甚至有很多时候三者相互联系的部分超出了独立的部分,但是这并不是说三者可以混为一谈。有些时候某一领域可能成为强势的部分,可以跨越到别的领域里面,但是长期来看,越俎代庖的事情是很难持续的。上帝的归上帝,恺撒的归恺撒,从人类历史长河来讲,可以说是一个真理。

就像美丽的花瓶更容易摔碎一样,文化是最容易被跨越的一个界,政治和经济很容易进入文化的领域。文化是如此的柔弱,一旦被政治和经济进入,就很难再恢复到她原来的模样。在人类的发展过程中,文化是政治和经济的玩偶,不断地被改造和重塑。不过文化也有她自身顽强的生命力,当政治和经济退潮之后,文化依旧可以以各种不同的方式留存于人们的心中。只不过文化存在于人们的意识之中,很难直接观察到它,所以文化的力量经常被低估。

中国文化中等级和权威的思想比较重，所以在科学领域也会存在一定的文化特点。譬如说论文的署名权问题、学术观点的一致性问题、科技经费的分配问题、研究机构的行政级别问题，这些问题看似和科技创新本身没有太大关系，事实上却成为很多人思想上的枷锁，将科学家的注意力引导到科学领域之外。

政治是上层建筑领域中各种权利主体维护自身利益行为和关系的总和，是各种团体进行集体决策的一种过程。政治的含义随着时代的发展而变化，《荷马史诗》[①]中将政治理解为城堡或者城邦这样有形的存在，《尚书》中也有"道洽政治，泽润生民"的提法。中国现代政治由孙中山的解释为发端："政就是众人之事，治就是管理，管理众人之事即是政治。"我们一般认为政治的本质是社会管理的规范化行为和过程。从政治众说纷纭的解释中我们可以看到，我们在政治一词上的界限是多么的模糊不清。

在政治的现代认识下，我们可以看到政治表现为一些规范化的社会治理制度，如组织机构的规范化、财产制度的规范化以及行为管理的规范化等。这些规范化的制度大多数通过法律的形式体现出来，也有一些是通过组织内部的理解，用制度的形式体现出来。无论用什么样的体现形式，这些规范化的治理制度都是对人们行为方式的一种强制性规范。

这些制度的建立是在国家的政治层面，经过各权利主体的协商而形成的政治共同体，本身就是一种跨界思想的体现。我们所看到的界

---

① 《荷马史诗》是两部长篇史诗《伊利亚特》和《奥德赛》的统称。

与跨界，就是一个鸡生蛋、蛋生鸡的循环。因为有界而产生了跨界，又因为跨界而产生了新的界。

在政治之下，不同的权利主体内部又有更加细分的权利主体，这些主体又因为在组织中的不同位置和职责而不同，因此又产生了新的制度上的界。为了组织的良好运行，这些不同的权利主体又需要进行跨界合作，因此就有了政治体系下的制度层面的跨界。

由政治层面到制度层面，然后由制度层面到行为层面，是一个由宏观到微观的过程，也是边界从概念落实到具体的过程。在人类社会，任何的界限最终都是为人所设立的，如果没有具体的承担者，这个界限就没有实际的意义。值得注意的是，从政治所产生，并且由制度逐层落实在个人行动上的界限是最为严厉的界限，有一些是以法律的形式存在的。由于突破法律面临的严重后果，所以跨越制度界限所需要的时间和程序更长一些。在创新中，科学家的行为也要受这样的界所约束，因此科技创新本身就是一个科学家溯流而上的过程，好在科学研究的禁区要少一些。

很多国家通过政治制度的调整，进而影响到个人的行为方式，促进了生产力的解放，为国家的发展提供了长久的动力。由于政治是整个国家权利主体的综合反映，因此在调整过程中需要各权利主体的磋商和接受，这样才能将制度变迁形成的力量促进个人的积极性，从而正面地影响国家的发展。

经济是国家的命脉，一个国家的综合实力需要经济作为最终的支撑。经济是一定范围内一切生产、流通和销售活动的总和，是价值的创造、转化和实现过程。中国传统的经济往往指的是经国济世，是一种崇高的价值理想，而西方的经济更多是治理家庭财务的方法。现代中国的经济一词，和政治一样，都是由日本引进来的，接近西方的说法。

经济和政治的关系是密不可分的，这是由于如果没有政治制度的庇护，经济的自由交易就无法有效地完成，但是经济又是独立于政治而存在，有着自身的发展规律，不是政治的附庸。政治就像经济的轨道，可以防止经济出轨，但是不能阻止火车失去动力慢下来。

人们给经济下了各种各样的定义，有时候指的是财富，有时候指的是一种资源的分配方式，有时候指的是个人或者组织的一种选择方式，甚至是政府的生产、税收和贸易，等等。像政治的概念一样，经济也是一个跨界存在的词语，也存在一个经济共同体的概念。既可以划分为宏观经济和微观经济，又可以划分为计划经济和市场经济，甚至可以划分为实体经济和虚拟经济。从本质上说，经济就是人类赖以生存的物质和文化产品的生产和消费，其他的资源优化配置与优化再生等各种行为都是寄生在这一本质之上的。

正是因为经济事关人类的生存，所以经济背后就是不同个人和组织的生存方式问题。每个人都要生存，因此每个人都要有一定的资源和手段来获得在组织中的位置，从而实现自己的价值。

经济所形成的经济共同体对于人类的发展至关重要，人们在统一的交易规则、交易货币、交易平台和价值判断上进行劳动交换，实现各自在社会中的价值。人们往往在一个场景下是生产者，在另外一个场景中就是消费者，人们在平等、自愿和公平的准则下形成一个市场体系。

由于不同人在社会中创造的财富价值估值不同，可以占有的财富份额不同，人们长期就会形成不同的财富积累，进而形成了不同的经济地位。在经济共同体中，人们为了效率的提升，往往难以顾及不同人能力上的差异，所以造成了实际上的贫富差距。伴随着市场经济在社会治理中的强势地位，社会的贫富差距也在不断地扩大，逐步造成了人和人之间经济上的界限。

由于经济上的差异，人们在社会结构中就会有不同的经济地位，有人是产权的所有者，有人则是产权的被雇用者。不同的财产数量逐渐演变为不同的阶层和阶级，成为社会冲突的一个源头。当经济共同体还能维护经济的正常运行时，这个界就会存在，一旦共同体失去了参与者的集体认同，那么跨界就不可避免了。

第三章

跨界创新的方法

一、跨界创新的要素

1. 现实中的"共同体"现状

科技体制的发展

在汉语里,科是一个会意字:"从禾从斗,斗者量也",所以科学最初指的是测量的学问。近代之前,科学一词虽在汉语典籍中偶有出现,但大多指的是科举考试的学问,并非现代意义上的科学。像很多现代词汇一样,"科学"一词也是近代由日本传入的,用于对译英文中的"Science"。康有为在《日本书目志》中列举了《科学入门》《科学之原理》等书目,成为最早使用科学一词的人。早期中国人将科学也翻译为"格致学",直到中华民国时期,通过中国科学社的科学传播,"科学"一词才取代"格致"。

由于长期闭关锁国,轻视工商的影响,中国的科学起步比较晚,又加上长年战乱,直到新中国成立以后,科学才得到了一个安定的空间。新中国的机制体制主要借鉴苏联模式,将科学研究和生产分离,形成了上层由一部两院统领,下层由多厂负责生产的格局。这一模式比较实用,便于集中力量办大事,能够将稀缺的科技力量放到国家最需要的地方去。不但在科研机构中采取面向实际应用的导向，在高校中也强调科学技术的实用性。譬如清华大学当时也提出"工程师的摇篮"这样的办学思想，使得人才培养从创新向应用方向转移。

在这样的背景下，科学共同体对于科技创新和未来探索被局限在应用的范围里，失去了对于未知世界前沿探索的动力和能力。种瓜得瓜种豆得豆，中国的科技力量在新中国成立的头三十年里虽然有两弹一星这样的成果，但是不能掩饰自我限制和自我封闭带来的落后。这种科技创新上的落后，直接导致了社会生产力的落后，使中国失去了一次科技起飞的机会。

穷则思变，从邓小平复出，领导推进科学的春天开始，国家决定对科学技术体制进行改革，总结起来改革的历程大致可划分为四个阶段。

第一阶段：1985年至1992年。1985年中共中央发布《关于科学技术体制改革的决定》，全面启动了科技体制改革。以改革拨款制度、开拓技术市场为突破口，引导科技工作面向经济建设主战场。这一改革解放了科技领域的思想，直接导致了中关村等科技创业集群的产生。

第二阶段：1992年至1998年。1995年中共中央、国务院发布《关于加速科学技术进步的决定》，确立了"科教兴国"战略，提出"稳住一头，放开一片"的改革方针，开展了科研院所结构调整的试点工作，1998年在中科院开始实施知识创新工程试点。

第三阶段：1998年至2004年。1999年中共中央、国务院发布了《关于加强技术创新，发展高科技，实现产业化的决定》，对科研院所的布局结构进行了系统调整。加强国家创新体系建设、加速科技成果产业化成为这一时期的主要政策走向。政策供给集中在促进科研机构转制、提高企业和产业创新能力等方面。这一阶段的改革不但给科研机构指明了发展方向，也催生了一批高新技术企业的诞生，为中国的科技产业发展积蓄了力量。

第四阶段：2005年至今。《国家中长期科学和技术发展规划纲要（2006—2020）》的提出，进一步明确了我国科技体制改革与建设创新型国家的要求，指出在今后一段时间内，我国科技体制改革的主要任务：一是支持鼓励企业成为技术创新主体；二是深化科研机构改革，建立现代科研院所制度；三是推进科技管理体制改革；四是全面推进中国特色国家创新体系建设。

从现阶段的改革目标看来，鼓励企业成为技术创新的主体是重点，这也是对传统二元制科研体制的一次清算。虽然企业已经有了很强的科研能力，但是传统的事业单位和企业单位之间不同的运行机制，客观上还在影响着科研人员的选择。国家科研管理机构虽然在推进科技管理体制改革，但是计划经济思维下的一些管理方式还没有退出历史舞台，有的变换一个方式又重新出现。在这样的背景下，打破科研院所围墙，实现跨界创新具有更加重要的现实意义。

科研人员面临着一个重要的选择，就是选择在高校和科研机构中获得相对稳定的科研环境，还是进入企业获得更大的个人发展空间。事实上，当前很多科研人员往往把高校和科研机构作为第一选择，企业只是作为后备选项。在很多政府的招商引资活动中，职称、职务还在起着重要的作用，这些都是在体制外相对难以获得的。

社会体制的发展

我们再来看现实中的社会共同体,也就是中国的治理体系。当前中国社会是政治上的马克思主义、经济上的市场经济和文化上的传统文化,三者统一归于中国共产党的领导。三者既有相互分工,又有跨界合作,构成了中国的治理体系。除去政府的领导之外,围绕着科技创新的参与力量主要有科研人员、企业家、投资机构和消费者。在原来计划经济体系下,所有的参与方都是在政府的统一管理下运行,既没有竞争的压力,也没有创新的动力。市场经济作为一种手段和模式激活了所有的科技创新力量,各方都在寻求在科技创新的过程中获得自身最大的利益。

但是正如我们前文所说,中国的科技创新体系还是存在二元制结构,也就是科研院所的事业单位和生产经营的企业单位。这种二元制结构曾经起着对科研人员进行保障的作用,但是现在却成为鼓励创新的障碍,需要尽快地通过事业单位改制来实现统一。只有实现了以企业为主体的科技创新,科技人员才会进行合理的流动,而不是被户口、职称和身份束缚住手脚。

事实上,这种二元制体系不但存在于科研人员群体,也存在于经营人员群体。由于我国具有庞大的国有企业,社会的大量土地、资金和人才都被吸收,民营企业面临着很大的资源整合压力。除了互联网等高新技术领域,民营企业在实业经营中并不能享受同等的待遇,譬如说户籍指标、土地指标和银行贷款等。这种二元制体系看似对科技创新影响不大,事实上却将很多创新扼杀在萌芽状态。尤其在马斯克的火箭回收技术成功之后,我们回头看民营企业在创新中的价值,可能有更深的领悟。

作为科技创新中不可或缺的一环，资本扮演着重要的角色。在美国很多创新企业在几年甚至几十年没有实现盈利的情况下，依然可以通过资本市场获得资金的持续投入，从而保障科技创新的进行，这在中国是很难实现的。具体原因就是我们大量的金融机构还是具有国有的性质，金融机构的负责人不但肩负着经营的职责，还有各种硬性指标的考核，这决定了金融机构必须相对保守。金融的国有化性质和实业的民营化性质之间存在一定的定位差异，这就决定了在科技创新的关键环节上，中国的资本市场对科技创新要逊色于美国的支持力度。

最后一个重要因素是消费者。很多企业经常把中国看作一个具有13亿消费人群的市场，事实上这可能是一个幻觉。中国城乡差距导致的消费差异是巨大的，用"知乎"的用户和用"快手"的用户几乎没有交集。科技创新的很多产品只是面向以城市居民为主体的5亿人口左右的市场，虽然这也是一个很大的市场规模。更大量的人口由于缺乏消费能力，或者缺乏消费文化，导致很多创新产品并不能真正落地。也就是中国实际上存在一个更基础的二元制结构，也就是城乡差别。

科技人员的事业和企业二元制结构，企业人员国有和民营的二元制结构，资本市场金融和实业的二元制结构，消费者城市和农村的二元制结构构成了一个个要素分割的创新环境。在这样的一个环境里面，无论是哪一个部分想要单兵突进地创新，都会遭到现实无情的打击。只有不断地打破边界，实现跨界创新，中国的创新事业才会有出路和未来。

党的十九大报告提出：中国特色社会主义进入新时代，我国社会主要矛盾已经转化为人民日益增长的美好生活需要和不平衡不充分的发展之间的矛盾。我国稳定解决了十几亿人的温饱问题，总体上实现小康，不久将全面建成小康社会，人民美好生活需要日益广泛，不仅对物质文化生活提出了更高要求，而且在民主、法治、公平、正义、安全、环境等方面的要求日益增长。同时，我国社会生产力水平总体上显著提高，社会生产能力在很多方面进入世界前列，更加突出的问题是发展不平衡不充分，这已经成为满足人民日益增长的美好生活需要的主要制约因素。

解决上述人民日益增长的美好生活需求和不平衡不充分的发展之间的矛盾，不仅是科学技术领域的问题，更重要的是社会领域的问题。社会共同体如果能够解决和处理好上述问题，就为科学共同体的推广和应用创造了巨大的需求空间，也就能够吸引更多力量投入科技创新中来。

合作与博弈

在现实中，科学共同体和社会共同体之间是一个相互合作与博弈的关系。以共享单车为例，从清华东北门出去，人行道上摆满了五颜六色的共享单车，绵延上千米，蔚为壮观。在此之前各个城市都在大力发展城市自行车，很多城市都投入了大量的资金，但是并没有发挥预想的效果。公共自行车最大的问题就是借取和返还不方便，往往节省下来的时间都用在怎么把自行车还回去上了。

共享单车恰恰解决了这个痛点，无论你把车骑到什么地方，你都可以就地返还。但是天下没有免费的午餐，凡事有一利必有一弊，共享单车的弊端就在于造成了公共环境被大量占用。

共享单车在方便大众出行的情况下，也给很多地方政府管理带来了挑战，如何规范共享单车的发展成为考验地方政府管理的一个难题。面对这个难题政府选择了静观其变，没有像对待滴滴那样出台相关管理规定，其实这是社会管理权力的一种让渡。

在现代社会治理中，所有的权力都是让渡的结果。所有的权力不是争出来的，都是让出来的。共享单车的快速发展，恰恰是社会共同体权力让渡的结果。一个新生事物是否能够持续地发展壮大，除了自身的创新和经营外，很大程度上要看社会让渡出多少权力空间。一个领域社会让渡的权力越大，它的发展空间就越大，反之亦然。

再来看看快递行业，也是一个典型的权力让渡的结果。暂且不说在城市管理中对于三轮摩托的禁行问题，哪怕就是从单纯的劳动保护来看，社会也让渡了大量的权力。我们看看身边的快递小哥，一个个风驰电掣地开着三轮车经过，你一定会习惯于看到他们连一个头盔都没有。

2. 实现跨界创新的关键条件

整体的概念

人类社会的界是无所不在，而跨界创新要求在打破旧的界限的同时创造一个新的边界，由此可见其中的难度。大多数人面对社会各种的界限，都是采取接受的态度，避免因为跨界受到惩罚，因此社会也就缺少了活力。世界上本没有路，走的人多了便成了路，但是一旦一条路形成了，抛弃老路走新路又成了一件非常困难的事情。

既然跨界创新这样困难，存在这么多的风险，为什么还有人愿意去创新呢？原因就是人类的发展存在着不断的竞争。如果别人通过跨界创新实现了发展，你还停留在原地，你就会被时代淘汰。正像中国过去500年中发生的事情一样，当西方国家在不断地跨界创新的时候，我们还在坚守着自己的国界、政界和学界，绝不越雷池一步。最终的结果是你不越界，别人就来越你的界，不去主动跨界就要被动跨界。

对个人而言也是如此，很多人死守着自己的一项技能，不去学习新的东西，最终在整个行业被跨界颠覆之后，失去了生存的能力。在我长期工作的教育领域，就是一个不断学习和跨界的行业。凡是受学生欢迎，并且也能不断发表新研究成果的人，往往都是不断跨界的结果。有一个老师开始是学习材料力学的，后来讲授市场营销，再后来又转到了战略管理。一开始的时候他的课并不怎么受欢迎，随着时间的推移和他不断地跨界，后来也成了清华的名师之一。

我们知道不但人类社会是一个整体，整个宇宙都是一个整体，这是我们认识世界和改造世界的一个基本假设。正因为我们认为宇宙是一个整体，我们才会坚信宇宙中存在着简洁而有效的理论，帮助我们揭示宇宙运行的奥秘。这也正是哥白尼怀疑托勒密地心说的起因，因为托勒密的地心说体系实在是过于繁杂，需要太多的规则去解释。正如同毕达哥拉斯[①]对数学的崇拜，我们不得不承认我们生活在一个结

---

① 毕达哥拉斯（约前580—前500），古希腊数学家、哲学家。

构无比精密的宇宙中，它必然是一个整体的存在。

2016年9月，清华大学杨茂君教授课题组在《自然》杂志阐述了猪源线粒体呼吸链超级复合物中的高分辨结构。论文发表后，杨教授发现复合物的一侧是空的："经过亿万年的进化，生物体不可能让这边浪费着，肯定还有没有发现的结构。"[①]"对称才是美的，伸出的这边很可能结合着其他的复合物。"课题组在几十次的重复实验中，终于又发现了新的蛋白，并解析了它的结构。杨茂君说："这更符合生命系统高效的原则。"这是基于美学对生物领域的一个预判，但是却得到了巨大的收获，这就是将万物看作一个整体的回馈。

建立了整体的概念之后，我们对跨界创新的理解就更加清晰了，跨界创新不是创造一个新的世界，而是从局部到整体去理解世界。如果不去跨界创新，我们就只能从世界的一隅去认识世界，也就难免陷入盲人摸象的境地。在局部认识的条件下，我们会执着于自己所见，不会承认自己所未知的世界，不去接受其他人所掌握的事实。世界的争端往往不是因为对错，而是因为每个人掌握了不同的局部，站在了不同的角度。

---

① 2016年9月21日，清华大学生命学院杨茂君教授研究组在《自然》（Nature）期刊发表题为《哺乳动物呼吸体结构》（The architecture of the mammalian respirasome）的研究长文，首次报道了迄今为止分辨率最高的线粒体呼吸链超级复合物——呼吸体的冷冻电镜三维结构。该论文是杨茂君教授研究组继2012年首次在《自然》杂志报道了II-型线粒体呼吸链复合物I之后，在该领域的又一重要研究进展。这一目前为止世界上所解析的最大也是最复杂的膜蛋白超级复合物结构为我们深入理解哺乳动物呼吸链复合物的组织形式、分子机理以及治疗细胞呼吸相关的疾病提供了重要的结构基础。

跨界创新的要素

跨界创新就是通过跨界，去掌握更多的事实，从而加深对世界的认识。要想掌握跨界创新的方法，首先要了解跨界创新的要素。要素的划分有很多种方法，既可以根据人为参照物来划分，分为个人、组织和社会；也可以按照不同的团体来划分，分为科学共同体、跨界创新共同体和社会共同体；还可以根据不同的领域来划分，分为政治共同体、经济共同体和文化共同体。

跨界创新共同体是科学共同体和社会共同体的交集部分，在这个共同体里面，既要符合科学认知的要求，又要符合社会认知的要求。从个人职业的角度，这里面会有科学家、企业家、政府官员、专业技术人员、投资专家和客户，还会有生产、制造、销售等环节的参与人员。从行业划分的角度，这里面会有政府、企业、科研机构、金融投资机构和用户等多个行业和机构。这些个人和机构都有着不同的诉求，但是总体的目标是一致的，就是最终实现跨界创新，形成跨界创新共同体。

和科学共同体主要集中在理论、准则和方法上不同，跨界创新共同体需要最终实现科技成果的市场化。和社会共同体主要集中在政治经济和文化的协调上不同，跨界创新需要科学技术上的突破。这正反两条要求，促使跨界创新共同体各要素之间的结合要更加紧密，激励约束机制要更加完善，协调沟通机制要更加有效，否则很难达到上述目标。

换一种说法，科学共同体主要从事的是基础研究，他们的成果体现在科学界的相互认可。而跨界创新共同体从事的是应用研究，也就是需要产生基于应用的技术。社会共同体需要的是最终的产品和服务，他们最为现实，也是整个创新链条的最终检验者。

政府作为一个主要的参与要素，在跨界创新里面主要负责制度建设、引导和监督。跨界创新作为生产力提升的动力，对社会发展起着重要作用，政府有责任维护跨界创新的秩序和环境。由于跨界创新共同体里面要素比较多，完成周期比较长，资金投入比较大，没有完善的法律制度环境，就很难保证各方的利益和公平。一旦缺少了公平有序的外部环境，跨界创新就失去了保障，即使能够完成科技上的进步，也很难平衡各方利益。

和西方国家相比较，中国政府在跨界创新方面更加积极，政府有专门的科技部，党组织有专门的人才局，从科技和人才两个方面推动跨界创新工作，这些工作对于吸引和留住人才起到了关键作用。和西方国家企业作为创新主力军不同，中国国家级科研院所是当前中国科技创新的主力军，它们在不同领域代表着中国的科技发展水平。这些科研院所大多都是事业单位或是转制国有企业，它们之间容易以国家利益或手段进行跨界融合，这种跨界是西方以企业为创新主体的机制难以企及的。中国应该利用这种结构，将产研分离的劣势转化为跨界科研创新合作的优势，实现有中国特色的跨界创新，实现弯道超车。

政府另外还有一项重要的职责，就是知识产权的保护工作。我们知道跨界创新是一项长期高风险的过程，其中的知识产权是主要的价值承载，如果没有对知识产权的良好保护，就很难保证跨界创新的收益。中国在进行科技追赶的过程中，没有建立完善的知识产权保护机制是可以理解的，但是当原始创新成为中国的发展重点时，知识产权就变得尤其重要。

知识产权只是产权的一部分，保护企业的产权是一项更加重要的任务。企业是跨界创新的主体，如果没有企业作为主体的产权归属，那么跨界创新就成了俱乐部，愿意来就来，不愿意来就散，难以最终形成有效的产出。企业作为独立的法人，有特定的任务和目标，能够承担创新过程中的法律制度责任，为各参与方提供信用平台。企业家作为企业的核心，对跨界创新的成败起着关键的作用，一个好的项目如果没有好的企业家来经营，也很可能失败。从世界各国的发展来看，企业已经成为跨界创新的主体，承担着资源整合和运营作用。

科研机构是跨界创新的源头和守护者，通过对科学理论的技术转化，实现科技成果的现实价值。作为科学家群体的组织部门，科研机构面临着越来越大的挑战，如何管理和激励科研工作者是一个难题。当前科研机构都在营造一个相对宽松的科研环境，良好的科研条件，争取最大程度上激发科研人员的创造力。经验表明，科研机构通过增加科研人员的跨界沟通能力，会有助于科研成果的产生。

投资机构是现代科技创新中一支重要的力量，为创新进程中的资金来源进行平衡。作为专业化的投资队伍，投资机构对于跨界创新有更强的市场敏感度，能够为科技共同体和社会共同体提供资源匹配。在所谓的独角兽企业判断中，投资机构的估值起到了重要的作用，可以说独角兽概念的提出，是对投资机构在科技创新中价值的肯定。

这些机构之所以能够形成跨界创新共同体，需要确立一个共同的目标，在这个目标的基础上，通过各方的投入来划分相关的权责。有了上述的基础，各方之间最为重要的就是要建立跨界的思想意识，在沟通与接触中能够站在不同的角度考虑问题。在这个过程里面要打破各自所设的界限，进行最大程度的资源和信息输入，建立一个相互认同的环境。

当各方的投入进行到一定的程度，必然需要进行产品和服务的实现，最终形成社会共同体所需的产出。在这个过程里面，要由原来的多中心向单中心收敛，也就是要以企业为中心，以企业家为中心，形成以市场需求为目标的产品和服务。

3. 实现跨界创新的五个阶段

政府的作用

在当前的社会结构下，无论跨界创新有多少个参与方，它的主体主要是企业和企业家。政府虽然能够在特殊的时期和领域偶尔承担跨界创新的主体作用，但这种作用是以牺牲投资效率为代价的，长期必然会造成沉重的财务负担。其他的机构包括研究机构、金融投资机构和市场用户虽然在跨界创新中起着不可或缺的作用，但他们是具有弹性的存在，只有企业主体是刚性的。也就是说，在一项跨界创新过程中，这个研究机构不参与，不代表另外一个研究机构不参与，一家金融机构不投资，不代表没有别的金融投资机构投资，市场消费者也是一样。除了企业必须要从始至终地参与，并且承担投资风险收益之外，其他要素都是通过一定的交易机制来实现。

政府在其中的地位比较特殊，它是市场的守护者，无处不在无时不在。有些时候政府是呵护者，通过各种资金支持、政策优惠和基金引导来帮助企业开展跨界创新；有些时候政府是裁判者，在知识产权保护、经济纠纷、交易规则和资本市场调节等方面，解决不同类型社会主体之间的合作与竞争；还有些时候政府是约束者，在环境保护、土地控制、消费者权益和社会伦理等方面约束着跨界创新主体，使他们不至于偏离社会共同体的底线。

在跨界创新的进程中，跨界创新主体通过不同的方式来实现跨界创新共同体的认同。在面对政治共同体、经济共同体和文化共同体三者时，跨界创新主体采取由弱到强的方式来应对。

第一种关系是和政治共同体的关系，这是以政府为主体的政治、法律、制度的综合体，它的特点是具有一定的强制性。因为政治共同体具有强制性，在跨界的时候往往是风险比较大的，这时候跨界必须以柔克刚，不能盲目地推进。政治制度也不是一成不变的，也要不断地发展，当跨界创新是沿着政治发展方向时，它就会相对比较顺利，当逆着政治发展方向时，就会增加风险。

我们以中国的快递业发展为例，看看跨界创新是如何产生的。中国传统的邮递系统是国家来控制的，像所有的国有企业一样，创新能力比较弱。民营企业看到其中蕴藏的商业机会，开始通过各种手段蚕食其市场份额。借助现代互联网技术和网络购物的爆发，快递行业迅速壮大，某些品牌已经成为跨界创新的一个新的成功案例。

S快递公司的起源是利用中国内地和香港之间邮政系统的弱点，通过人力用较低的价格和较快捷的服务占领市场。从香港太子兰街一个数百平方米的地方出发，很快将触角延伸至广东各地。到香港回归的时候，S公司几乎垄断了所有的通港快件，当时行驶在通港公路上的快件货运车有 70% 均属于 S 公司的业务。如果当年 S 公司不是从这样一个特殊的区域开始创业，估计很快就会被政府取缔，这就是一种策略。

当网络经济成为中国新的发展引擎的时候，政府对待创新的态度有了很大转变，李克强总理说："怎么进行有效监管从而更好促进这一产业发展？相关部门首先还要有一个'包容'的心态，审慎监管，不要一上来就管死。"① 有了这样的外部环境，快递业更加开始了野蛮式的增长，不断地突破着行业管理和城市管理的限度。譬如说对于三轮摩托车的使用，譬如说对于快递小哥的安全防护，譬如说对从业人员的劳动合同。只要有了政府的默许，一切就可以跨界，这就是跨界创新者的逻辑。

企业和政府在跨界创新这个问题上是一种权力的让渡关系，这也是很多跨界创新进程的精髓。只要存在权力的让渡，就会存在商业价值，就会存在跨界的动力。作为企业的一方，不要将这种权力的让渡视为当然，否则一旦犯了众怒，就会不免有秋后算账的风险。在处理政府和企业关系中，高水平的跨界创新一定是掌握一个度，过犹不及。

相比较政府和企业之间的跨界创新关系，经济领域的跨界就相对简单得多，主要是处理好契约和跨界的关系即可。市场经济下，所有的关系都是契约关系，每个人和企业是契约关系，企业和企业之间也是契约关系。这种关系下，只要规定好各种参与者的责任和义务，跨

---

① 在 2017 年 6 月 21 日召开的国务院常务会议上，李克强总理部署促进分享经济发展的措施，鼓励探索和大力发展分享经济时提到，"怎么进行有效监管从而更好促进这一产业发展？相关部门首先还要有一个'包容'的心态，审慎监管，不要一上来就管死。"

界创新就是一个可以预期的过程。即使出现冲突和矛盾，也可以通过各种协商和法律程序解决。

和政府的跨界不同，企业之间跨界创新的合作不是基于防御，而是基于进攻，不是为了不出现问题，而是为了获得收益。跨界创新的主体通过经济手段，吸引其他参与方共同进行跨界，必须建立起参与方的信心和兴趣，否则很难可持续地推进。在这种合作中，跨界的力度就可以大一些，不要追求价值观的一致，而是追求利益的一致，不要追求行业的相关性，而是追求跨界的创新能力。

五次跨界

在上述分析的基础上，我们建立起一个以企业为中心的跨界创新系统。企业需要通过经营管理、科技创新、资本运作、政策环境、国际化五个阶段，最终实现国际化的跨界。在这五个阶段中，企业家作为企业的灵魂，负责调控这五个阶段的发展速度，把握跨界的时机。

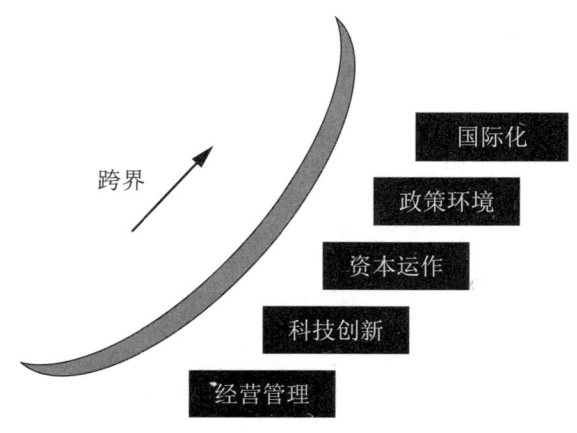

图 6 企业发展的五个阶段

好的企业家必然是好的跨界创新者，只有顺利地实现跨界创新，企业才能顺利地成长，否则将会不可避免地失败。

第一层：经营管理

经营管理是每个企业家的基本功，没有基本的经营管理能力，就无法正常开展企业的经营活动。一般的经营管理并不需要经过专门的训练，很多企业家在实践中积累经验，最终也成为企业经营的高手。不过也不能因为有经营实践或者天赋，就忽视了经营管理知识的学习，毕竟理论来源于实践但高于实践。

现在很多企业家喜欢去商学院学习，通过系统化的学习提升经营管理能力，这是一个很好的现象。一个社会的管理越规范，对于企业的要求就会越高，企业就越需要通过提高经营管理水平来保障自己的生存。粗放式的管理只有在垄断或是低成本获取资源的情况下才能生存，这种情况随着社会机制逐步完善会发生改变。

由于垄断现象会破坏市场机制的运行，所以长期的垄断不但会造成社会效率的损失，也会使企业自身失去竞争力，这在过去中国电信行业发展中已经成为现实。与垄断相比，企业通过低成本获取资源取得竞争优势的方法更加隐蔽，但是由于资源本身是稀缺的，不可能长期低成本获得，这也是很多靠圈地起家的民营企业资金链断裂的重要原因。

无论是多么大的企业，经营管理是企业运行的基石，没有一个良好的基础，楼越高风险越大。很多家族企业在治理中往往会出现接班人问题，主要原因就是缺乏良好的治理结构，一旦更换掌舵者，就带来了整个帝国的坍塌。

第二层：科技创新

经营管理无论做得多么好，只能保证企业的生存，只能获取市场的平均利润。经营管理虽然可以塑造企业竞争力，但是它主要是一种防守因素，不是积极因素。要想建立企业的核心竞争力，实现超额利润，科技创新是一个不可避免的选项。事实上很多的企业家都理解科技创新的重要性，也为此做了很多努力，但是并没有真正理解科技创新的核心。

科技创新的核心在于实现科技和社会资源的有效链接，而不是单纯的技术或者市场。只有从跨界角度入手，才能理解科技创新不单纯是科研人员的职责，而是整个企业的职责。科技创新的源头不仅仅来源于实验室，而且来源于市场需求，甚至来源于竞争对手的举措。

只有建立起科学家和企业家之间的相互沟通平台，才有可能实现科技创新成为企业的竞争力，否则只能是一种美好的设想。很多科学家不能理解企业家的价值，企业家也不认可科学家的思维，这些都对科技创新实现构成直接的威胁。优秀的企业家必须在经营管理层面上前进一步，去理解科技创新层面的逻辑和思路，这样才有可能实现和科学家的有效对接。

第三层：资本运作

企业发展不是一场短跑，而是一场马拉松，甚至是一场跨栏式的马拉松比赛。科技创新是企业持续发展和跨越的发动机，这台发动机停止之日，就是企业丧失竞争力之时。如果有一件事要企业家寝食难安，那就是如何通过持续创新来保证自己的竞争力。

科技创新是一项需要资本投入的事业，并且它对资本的需求并不是一种线性的要求，而是有巨大的波动。当一项技术在研发或是应用初期的时候，需要资本巨大的投入，一旦技术转化为市场竞争力，马上就会出现资本的反转。一个人如果在一种忽冷忽热的环境里面，难免就会感冒发烧，长期下来甚至影响生命。企业也是如此，在创新的过程中资金的波动需要有一种机制来平衡。

资本市场无疑是科技创新最为重要的工具，成立20多年的亚马逊虽然基本没有盈利，但是没有妨碍它持续不断地发展。贝索斯曾经说："如果想建立一个成功、可持续发展的公司，不要总是去想未来十年，哪些变化会影响你的公司，而是去想未来十年哪些不会发生变化，然后将精力专注在这些事情上。"

当前的科技竞争背后是人才竞争，更是资本竞争，没有资本的支持，人才和科技就无法聚集。一个时期资本的流入地区往往就会成为下一个阶段的创新地区，而资本流出的地区，无疑就会失去科技创新的活力。共享单车的案例最为直接地告诉我们，所谓的科技竞争，最后都会是资本获得胜利。

第四层：政策环境

我调研过一些中小企业，它们也提出通过上市实现资本化，但是我给它们提出了相反的建议。有一些中小企业的利润来源不是依靠科技创新，而是依靠人工、税收和环境。如果一个企业不具备一定的科技优势，仅仅是通过经营管理的某些特色获得生存，那就要对进入资本市场谨慎从事。

具体说来，中小企业的人工优势就是通过不签订正常的劳务合同，规避五险一金的缴纳；税收通过固定税率和现金交易，规避应该缴纳的税款；环境通过偷排等方式规避环保监管。事实上这些问题在中小企业普遍存在，但是在上市公司因为面临着更大的监管风险，不得不提高在这些方面的投入。

有一些企业上市之前的业绩非常好，一旦上市就变脸，这里面虽然有审核不严的原因，但是规范化带来的代价也不得不查。所以当一个新公司上市，大家最需要关注的因素就是它的科技创新能力，否则它难以控制成本上升的压力。

当一个企业进入资本市场，如何理解政治，如何应对政府，如何把握政策，成为企业必须掌握的能力。很多企业因为具有了资本运作能力，就把国家政策置之一旁，野蛮发展，必然会受到政策环境的惩罚。

第五层：国际化

一个企业在创立初期必然是依托于一个国家，在特定的政策环境中进行发展，当企业发展到一定阶段，必然要进入国际市场进行全球竞争。不可否认，每个国家都有自己独特的国情和政策，如果处理不好就会水土不服。

国际化虽然有风险，但是一个国际化的企业就具备了和不同国家进行博弈的资本，就能够在全球范围对冲风险，这是一种不可抗拒的诱惑。很多跨国公司已经超越了部分国家的生产总值，成为国际力量博弈的重要武器。当前中国企业很大的问题就是内战内行，外战外行，国际化成功案例比较欠缺。

中国企业不应该在这样的战场上缺席。通过"一带一路"倡议，中国企业将会迎来更多的国际化机会，为自身发展获得一个更大的空间。由于中国是一个社会主义国家,在科技创新、资本运作和政策环境上具有一定的特殊性,更加需要加强对国际化的认识和研究,根据国际环境的要求进行人才和结构的调整。

以上几个阶段虽然存在一定的次序,但并不是完全按照这一规律前后进行的。各种阶段可以并行,只不过是有所侧重而已。企业每一个阶段的转化都是一次跨界,如果能够成功地跨界,我们就称为实现了跨界创新。

值得注意的是,企业的发展和企业家是密不可分的,表面是企业在跨界创新,其实质是企业家自身思维在跨界创新。一个企业家如果不能看到上述跨界创新的路径和方法,也就失去了企业发展的目标和途径,更失去了自身内在思维跨界的动力和方向。在企业跨界的同时,企业家也在进行自身思维模式的转化,这种转化不是一开始就完成的,但是一定要有整体的思维意识。

当企业从经营管理向科技创新转化和跨界的时候,企业家内在的思维模式应该从行动型向思维型转变,要把利润和竞争力建立在创新上,而不是建立在成本控制上。

当科技创新向资本运作转化和跨界时,企业家不免会存在一定的恐惧和失落,因为这是对企业控制的一个大的转变。这时的企业家应该将自己的思维模式从大脑的思维转换为心灵的价值理念,只有这样才能很好地拥抱资本带来的各种转变。

当资本运作开始向政策把握转化和跨界时,企业家不但要将思维模式中的行动、思维和心灵结合起来,而且要形成一个新的系统,来容纳社会对企业的要求。一个企业只有转化为社会企业,才能真正成为社会共同体的一部分，实现企业和社会的共进。这时候企业家一定要建立起系统思考能力，统筹各方利益，获得各方面的认同。

企业发展到国际化阶段，意味着企业进入了一个超越国界的时刻，企业家也应该将自己的内心归于自然，和人类的发展同步，成为人类命运共同体的一部分。企业经营是企业家的外在表现，而企业家则是企业发展的内在力量。

4. 推动跨界创新的平台

跨界创新研究中心

清华大学公共管理学院跨界创新研究中心（以下简称中心）由公共管理学院发起设立，依托清华大学综合型、开放式和国际化学术背景，在认同理论基础上，联合政府部门、国家级科研院所和学术机构，致力于推进跨区域、跨领域、跨学科和跨国界创新事业的发展。

任何实践都需要通过理论总结才能获得升华，成为指导实践的准则。研究中心首要目标是整合各方学术资源，立足于跨界创新理论、方法和案例的研究，形成跨界创新理论体系，为跨界创新实践提供目标、途径和方法。其次通过建立跨界创新基地和平台，促进高层次跨界创新沟通和交流，实现社会治理创新和科学技术创新。

中心除自身研究人员之外，设立专门的专家委员会，邀请各领域专家参与指导跨界创新事业的发展。这些专家在各个领域，尤其是在科技界有着深入的研究和广泛的影响，是中心宝贵的智力财富。

自 2001 年起，学院受中组部和科技部委托，开始对国家级科研院所领导者进行培训，主要目标是使这些领导者不但要懂科研，而且要会管理，实现科技创新和组织管理的跨界。经过十六年的坚持努力，已经有十四期、四百多位院所领导者参加过跨界学习，为科研院所经营管理和改制转型提供了知识和人才保障，初步实践基于知识的跨界。

2012年起，学院在中组部指导下，中心联合麻省理工学院开展了"创新型领导者培训项目"，先后为浙江省、工商银行和上海市培训一百多名领导干部。这个项目通过政府、企业和社会组织三方的跨界学习，为解决社会发展中日益复杂的关键问题，提供了有益的解决思路，实践基于领域的跨界。

2014年起，学院受北京市委组织部委托，开始进行首都特大型城市治理和疏解非首都核心职能培训项目。来自城市管理各个部门的领导者，在跨界创新思维的引导下，针对环境、人口、交通、产业等各个领域的问题进行研究和学习，形成共同解决系统问题的思路和方法，实践基于部门的跨界。

2016年，在中组部指导下，学院承担了京津冀协同发展高级研修项目，推动三地的协同发展工作。不同区域的领导者通过对于跨界创新理论的学习，形成态度、思维和行为的重新塑造，从个体的认同实现区域的跨界协同发展，实践基于知识的跨界。

从2015年开始，学院每年定期举办"百名院所领导者跨界创新论坛"。通过院所领导者的跨界交流，促进在科技创新中的跨界合作，使偶然的跨界合作，成为一种有理论指导的必然选择，实践基于科技的跨界。

中心不但是一个理论研究平台，更是一个实践促进平台，将致力于跨界创新在教育、科技、组织和社会等各个领域的应用和推广，为解决日益复杂的各类问题提供方法和途径。截至2018年，中心包含TCI智库、基地、运营三个部门结构。

TCI智库：智库由在各领域专家和领军人物组成，通过总结领导者及其机构的跨界创新实践，为跨界创新研究提供现实精髓，形成跨界创新理论，推广跨界创新经验，扩大跨界创新思维的影响。

TCI基地：基地由地方政府提供支持，为跨界创新提供实践平台，推动跨界创新团队的思维和行为转变，形成跨界创新成果。吸引社会力量参与跨界创新工作，为跨界创新提供加速服务。

TCI运营：负责跨界创新的运营工作，为跨界创新理论研究、方法转化、宣传推广、基地建设、外部合作等工作提供支持。

跨界创新工作坊

跨界创新工作坊是一个多方参与、多阶段实施、量身定制的场域与过程，且让参与者在参与的过程中能够相互对话沟通、共同思考、进行调查与分析、提出方案或规划，并一起讨论让这个方案如何推动，最终要进行实际行动的过程。

跨界创新工作坊将邀请地方政府、科技、企业三方面人员，围绕跨界创新项目主体建立三方协同创新机制，以解决实际跨界创新问题作为工作坊的首要目标。针对传统培训经常出现的脱离实际、空来空去的问题，把行动学习作为解决实际问题的落脚点，把解决实际目标放在跨界创新工作坊的首要位置。同时为了避免能力和态度的脱节，促进三方学员形成跨界合作解决复杂问题的思维方式。

工作坊整体将分为三到五个阶段进行，通过不同阶段的学习，学员在创新认知能力、系统思考能力、跨界学习与协作能力、专题研究能力等方面得到提升。同时也通过改善聆听和沟通方式，建立起系统思考的意识，实现能力和态度的统一。

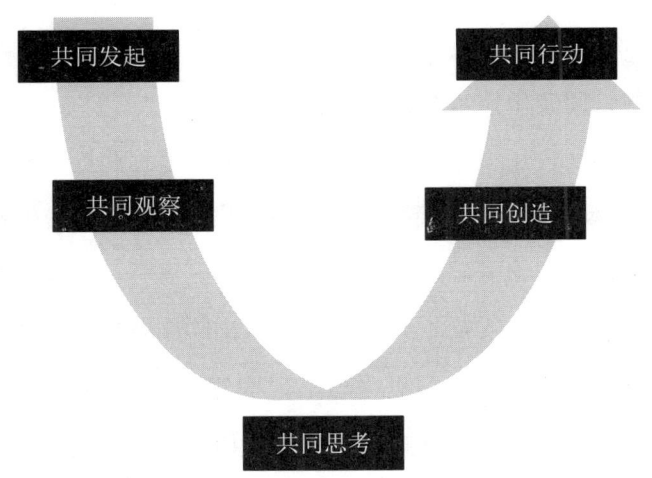

图 7　跨界创新工作坊

根据工作坊从认同到协同的基本理念，以及研究型学习和行动学习的具体要求，项目一般划分为三到五个阶段：

第一阶段：共同发起（认识制约具体创新发展的问题，形成目标和共识，建立解决问题的政策和治理能力基础）

第二阶段：共同观察（感知和分析实际的突破案例，通过改善沟通协作方式，提升跨区域、跨领域解决问题的意愿和能力）

第三阶段：共同思考（对照国内外经验，进行组织学习和系统思

考，形成协同创新团队）

第四阶段：共同创造（在系统思考的基础上，形成跨界合作团队，明确个人和组织任务，初步形成创新成果）

第五阶段：共同行动（确定具体创新项目的发展愿景，得到对创新各阶段工作关键问题的研究成果，形成具体行动方案，在更大范围内实践和推广本项目）

中关村认同应用技术跨界创新联盟

中关村认同应用技术跨界创新联盟（以下简称跨界创新联盟、联盟），旨在推动科技成果的跨界转化与创新应用，以中关村科技聚集的力量，在认同理论基础上，联合国家级科研院所和科技型企业，致力于推动跨区域、跨领域、跨学科和跨国界的创新事业的发展。

本联盟的宗旨为：在习近平总书记构建"人类命运共同体"[①]的思想指引下，通过汇集科技共同体和社会共同体的力量，形成跨界创新共同体。为跨界创新提供理论和实践平台，整合优质科技创新资源，建立良好的科技创新环境，促进跨区域、跨领域和跨行业融合与创新。

人类进入21世纪，创新成为人类进步的主题。受到行业、专业、领域、区域等的界限制约，创新还远没有发挥它巨大的生命力。打破行业和专业之间的壁垒，突破界限制约，实现跨界创新，就显得尤为重要和迫切。因此，中关村跨界创新联盟应运而生。

---

① 习近平总书记在十九大报告中提出，坚持和平发展道路，推动构建人类命运共同体。

联盟接受中关村科技园区管委会和北京市民政局的管理和指导，由中国石化石油勘探开发研究院、机械科学研究总院、中国检验检疫科学研究院、启迪科服集团、邦易投资集团等单位牵头发起成立，联盟的成员将包括 100 家国家级科研院所、50 家中关村科技上市公司，知名的科技企业和投资机构，以及一批具有创新活力的中小企业。

联盟在习近平总书记"推动人类命运共同体"思想的指引下，通过汇集科技共同体和社会共同体的力量，形成跨界创新共同体。为跨界创新提供实践平台，整合优质科技创新资源，建立良好的科技创新环境，促进跨区域、跨领域和跨行业的融合与创新。

联盟拟发展 100 家科研院所，作为本联盟的核心组成部分，提供源源不断的技术成果、创新基础、理论支撑，具有强大的产业实力、研究实力与话语权。将跨界创新落地到成果转化与应用阶段的科技型企业和知名投资机构，为联盟的成果转化基金运作提供保障。

联盟将以实现跨界创新发展为目标，努力成为国内最具影响力的科研院所合作交流平台、交叉领域科技成果转化与产业化促进平台、国内领先的认同型社会团体、中关村创新驱动发展动力源泉、大型机构与科技型中小企业创新合作的纽带。

联盟将促进和引领联盟成员的协同创新与共同发展，促进和引领企业、产业、区域之间协同互补发展，打破行业间合作与协同创新的阻碍，实现技术成果的跨界转化与应用，成为中关村与全球创新机构合作的桥梁。联盟为会员提供跨界创新理论、方法与案例研究，提供跨界创新与技术成果转化的人才培训服务，提供跨界创新的交流平台、咨询指导服务。

联盟按照"理论研究—跨界探索—投资孵化—区域落地—产业集群"的路径，着力打造"三平台、三载体、一品牌"的发展蓝图。具体如下：

"三平台"

即建立三个跨界创新服务平台：

科技成果转化平台。建立无缝对接管理要素、市场资源的科技成果转化及孵化机制和平台，将科研院所中的海量科技成果转化为市场化的产品和产业，服务于中关村园区和北京市的创新驱动发展战略。

跨界联合创新平台。按专业方向集合全国各科研院所、科研机构的研究力量，形成跨界联合的研发模式，发挥跨界、协同优势，推动重大科技创新的突破。

产融合作对接平台。通过产融合作对接平台，建立科技资源、产业、金融资本等各种资源要素之间的对接合作机制，促进科研院所与企业、金融资本的合作，促进企业与资本的对接，促进大型企业与中小企业的产业链合作。

"三载体"

即建立基金、基地、学院。

跨界创新成果转化投资基金。基金服务于科研院所、大学等研究机构的技术成果转化与产业孵化，服务于会员企业的技术创新与产业升级，推动会员企业与研究机构的产学研合作。

基金将争取科技部、北京市科委和中关村科技园区科技成果转化政府引导基金的支持,搭建"1+N"的成果转化基金架构,即在中关村成立一只大型母基金,在全国各地成立若干只子基金,推动跨界创兴事业发展。

跨界创新基地。在全国布局跨界创新基地,每个基地,将定位为某一个国家战略创新领域,如新材料、人工智能、新能源等,入驻一批该创新领域的科研机构、创新创业企业、行业龙头企业、创投基金,形成技术创新、创业孵化、产业集聚的生态圈,培育地方产业发展的新动能。跨界创新基地将建成科技创新示范高地、成果转化示范中心、跨界联合共享中心、产城融合示范中心。

跨界创新学院。学院依托中关村丰富的高校资源,引入科技领军人才、金融投资专家、产业龙头企业家、行业主管机构权威等作为师资智库,通过培训班、讲座、论坛、沙龙等形式,为联盟会员及研究者、创新者、创业者、企业家、投资者培训跨界与创新的理论和方法。

"一品牌"

"一品牌"是指"中关村创新+"品牌。联盟以跨界创新为抓手,发挥资源优势,实现产学研的深度融合,力求探索出一条创新的新路径,助推中关村科技园区"全国创新示范区"建设,形成"中关村创新+"品牌,发挥中关村的溢出效应,辐射全国。

跨界创新基地

跨界创新基地致力于推进政府、科研和产业三方之间的跨界合作,针对性地解决三者合作中的问题。

表 1　政府、科研和产业三方合作中的问题及解决办法

问题	方法
政府、技术和产业间信息不对称	跨界创新论坛
政府、科研和企业之间缺乏长期、深入、高效的合作平台	跨界创新工作坊
制度滞后或与创新需求不匹配，项目难落地	专家咨询团

基地通过举办"跨界创新论坛"，集聚全球高端创新资源要素，精准对接地方产业需求，经过专家团队充分的调研、考察、交流，解决创新过程中政府、技术与产业间信息不对称问题。

基地通过开展"跨界创新工作坊"，促进地方企业和科研机构与世界顶级智慧组建创新团队，通过结构化交流研讨等方式形成可操作方案，解决企业与科研机构接触浅、时间短、无法形成有效创新成果问题。

政府部门和相关单位专家将提前进入"跨界创新工作坊"，形成政府、科研、企业三方共同解决问题的模式，为跨界创新创造外部环境，以解决相关制度与创新需求不匹配问题。

跨界创新论坛

2015—2017 年，清华大学公共管理学院联合众多国家级院所举办了三届全国"百名科研院所领导者跨界创新论坛"和五场跨界创新理论研讨会，参加人数累计超过 900 人次（有关情况见表 2）。跨界创新论坛采取分组调研与座谈、嘉宾主题演讲和高峰对话等多种方式。本文通过对上述跨界创新论坛的综述，展示和总结我国跨界创新的理论成果与现实实践。

表 2　全国"百名科研院所领导者跨界创新论坛"统计

名称	举办时间	举办单位	举办地点	参加人数	年度
首届百名科研院所领导者创新论坛	2015.11.7—11.8	清华大学 神华集团	北京市	240	2015
科研院所领导者创新论坛论东北地区（辽宁）研讨会	2016.5.28—5.29	清华大学 丹东市	辽宁丹东市	39	2016
"跨界创新暨军民融合"专题研讨会	2016.9.24—9.25	清华大学 中南大学	湖南长沙市	59	
第二届百名科研院所领导者创新论坛	2016.11.11—11.12	清华大学 天津科委	天津武清区	130	
跨界创新理论与认同研讨会	2017.3.17	清华大学	北京市	20	2017
跨界创新理论与案例研讨会	2017.4.7	清华大学	北京市	25	
跨界创新理论与方法研讨会	2017.5.19	清华大学	北京市	47	
第三届百名科研院所领导者创新论坛暨京津冀科研院所联盟成立大会	2017.12.23—12.24	清华大学 保定市等	河北保定市	350	

全国"百名科研院所领导者跨界创新论坛"和跨界创新理论研讨会采取分组调研与座谈、嘉宾主题演讲和高峰对话等多种方式。

2015 年 11 月 7—8 日，首届百名科研院所领导者创新论坛在清华大学举行，240 名专家、企业家和政府官员参会，论坛主题为"科技引领未来，创新驱动发展"。本次论坛分为清华大学和神华管理学院两个会场，清华大学会场主要进行多种形式的跨界交流，发掘科技创新的动力；神华管理学院会场主要是主题演讲和高峰对话，探讨科技创新的主力。11 位来自中国工程院、清华大学、中南大学以及国家级研究机构和央企的院士、专家、企业家就科技创新、跨界创新发表主题演讲或者进行高峰对话。

2016 年 11 月 11—12 日，第二届百名科研院所领导者创新论坛在天津市武清区举行。论坛由清华大学与天津市科委联合主办，主题为"京津冀科技协同与创新"，130 名国家级科研机构、央企负责人及专家学者参加本届论坛，就"如何推动科研院所跨界创新"进行研讨，5 名院士与企业家发表主题演讲，6 名院士、专家、企业家展开高峰对话并现场回答参会者专家的提问。本届论坛与会代表认为，跨界创新正在成为院所领导者的共识，跨区域、跨领域、跨行业、跨学科跨界创新正在成为创新的主流。在本次论坛正式举办之前，论坛组织者还分别于 2016 年 5 月 28—29 日在辽宁丹东市举办了东北地区研讨会，2016 年 9 月 24—25 日在中南大学举办跨界创新暨军民融合专题研讨会，为论坛做准备。

2017 年 11 月 23—24 日，第三届百名科研院所领导者创新论坛暨京津冀科研院所联盟成立大会在河北保定举行。此次论坛由清华大学、北京市科委、天津市科委、河北省科技厅和保定市政府联合主办，350 余名来自产、学、研、政府等方面的专家学者围绕"跨界创新"展开交流，探讨发挥京津冀科技资源优势，形成经济持续增长新动力，推动三地协同发展的对策。16 名来自高校、国家级研究机构、央企的院士、学者与企业家进行主题发言与高峰对话。6名专家在主题演讲中,分享了跨界创新的理论、实践与案例,专家们认为新时代下创新的客体已由原先单一领域的局部创新转变为跨业界、跨学界、跨国界的创新,要通过资源整合与平台共享,促进政府、企业、科研机构和社会力量的融合,打破科研和产业间的纵向障碍,形成学科间的横向融合;当前已有多个领域实现了跨界创新。在高峰对话中,10位专家从政治、经济、社会等多方面考量雄安新区建设,力图以跨界创新理念,整合多方优势,探索雄安发展的新思路、新动力、新模式,培育创新驱动发展新引擎。第三届论坛与会专家指出,十九大报告提出"贯彻新发展理念""加快建设创新型国家",跨界创新已成大势所趋。在第三届论坛举办之前,论坛组织者在2017年3—5月,组织了三次跨界创新理论研讨会,并在2017年7—9月,组织研究人员到10余家中央级研究机构调研,收集整理编写跨界创新的案例,为论坛的正式举办开展前期研究。

5. 组织结构是跨界创新的核心

结构的重要性

在认同理论中,组织结构和流程是一切的核心,在跨界创新领域也是如此。没有结构和流程的支撑,所有的制度和价值都没有落脚点,所有的思想和行动都无法有效地形成合力,所有的政治和文化都难以落实。只有建立起适当的结构和流程,才能实现跨界创新。

结构流程是我们直接可以观察到的组织实际状况,组织结构是

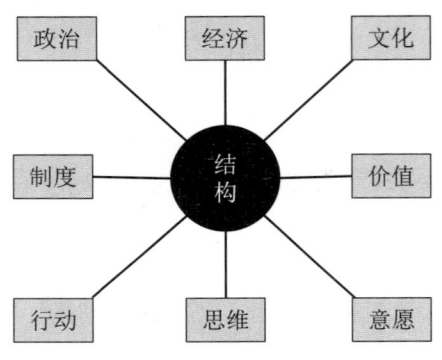

图 8　结构是核心

各种思维的集合体，好的结构可以发挥不同思维的灵活性，获得对外部世界真切的认识。在一定的社会环境下，组织的结构受经济发展的直接影响，也决定着个人的思维模式，因此组织结构是认同的最核心要素。

我们观察一个组织是否健康，可以通过组织结构和流程的合理程度来判断；我们观察一个领导者的权力大小，可以通过他调整组织结构的力度来判断；我们观察一个社会是否运转正常，可以通过各类组织结构和流程是否匹配来判断。总之，组织的结构和流程包含着我们需要的大多数信息，是建立认同的核心枢纽。

沃伦·本尼斯于20世纪60年代提出灵活组织机构的概念，并由未来学家埃尔文·托夫勒普及应用。灵活组织机构一词本身其实就是官僚主义的反义词，就是对传统以部门和层级为基本结构的反叛。所谓灵活组织机构就是提倡组织机构中摒弃工作人员各司其职的传统管理模式，而代之以人尽其用的更为自由灵活的新型组织结构的学说。

这种灵活组织机构资源配置很分散，员工要负责从企业中不同的地方收集他们所需要的支持，而不是仅仅依靠他们的管理者。这依赖于贯穿全企业的横向交流，而不是传统组织那种通常的纵向交流，这就更依靠员工自身的行为。人们需要认识到市场的需求，或者新技术上的可能性，或者把来自企业其他部分的事物进行组合的可能性，以及还要能看到抓住机遇、取得优势的需要。他们不能等着更高的管理层来解决关于这个世界的每件事情，并告诉他们需要做什么。他们必须自己解决问题并采取行动。

有学者以中国境内193家企业为研究对象，将组织结构、组织学习以及技术创新纳入一个统一框架，研究结果发现：机械式组织结构与渐进性技术创新正相关，有机式组织结构与突破性技术创新正相关，而利用式组织学习和探索式组织学习分别在其中起到了完全和部分的中介作用，环境动态性也在有机式组织结构与突破性技术创新之间起着正向调节作用。研究结论告诉企业可以通过强化组织学习、转化学习成果来促进企业的技术创新活动，同时还要顺应环境变动的趋势，加强与外界的沟通和交流，充分认识外部环境对组织技术创新的促进作用。

现实中的结构

传统中大部分企业采用职能制的组织方式分管各个职能，总公司下设分公司，分公司财务独立核算，分公司人员、绩效、薪酬考核归由分公司管理，但是部分业务开展亦需总部职能部门签字、审批。

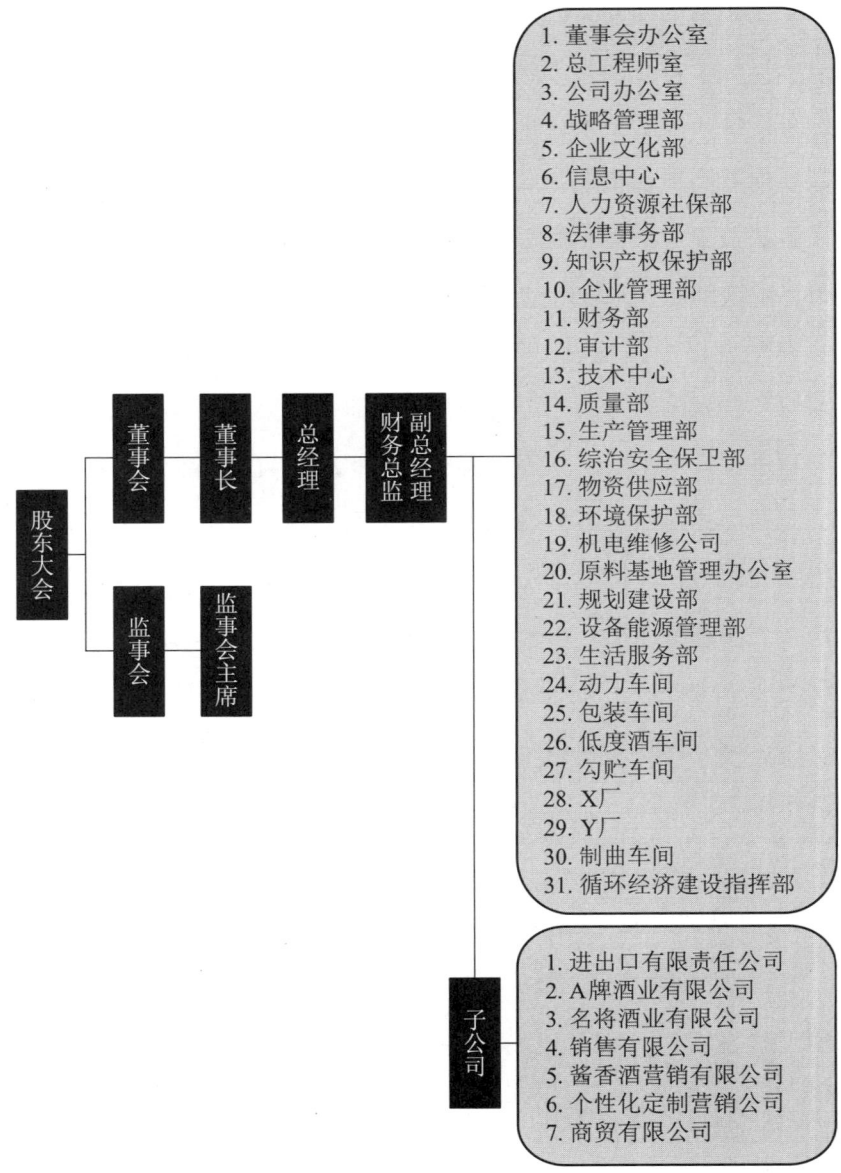

图 9　M 牌白酒

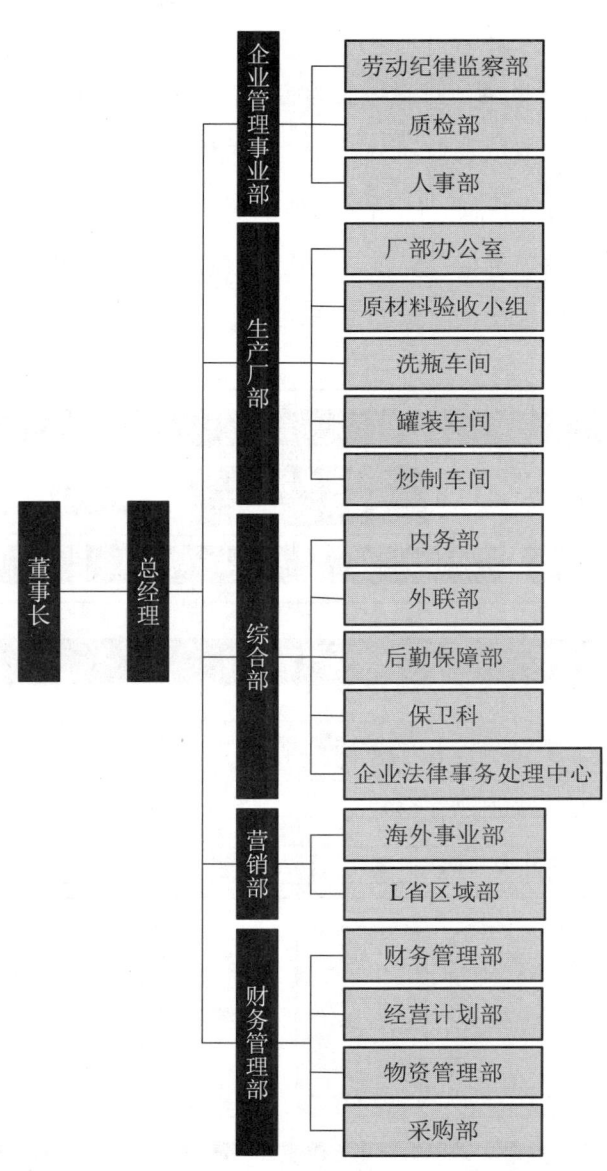

图 10　L 牌油制辣椒酱

当外界环境挑战越大，对企业创新的要求就越高，企业的组织架构就越复杂，越不采用单一的职能制或者单一的事业部制的组织架构。例如，国内 M 酒、L 调味品等企业，产品的变化相对来说较小，应对外界复杂挑战以及处理突发性、临时性问题的情况较少。而像 T 互联网综合服务提供商、H 信息与通信解决方案供应商等对创新要求较高，应对的问题也相对复杂，企业的核心竞争力也更多地体现在创新上，相应的组织架构就需要灵活、多变、复杂。这些企业的组织架

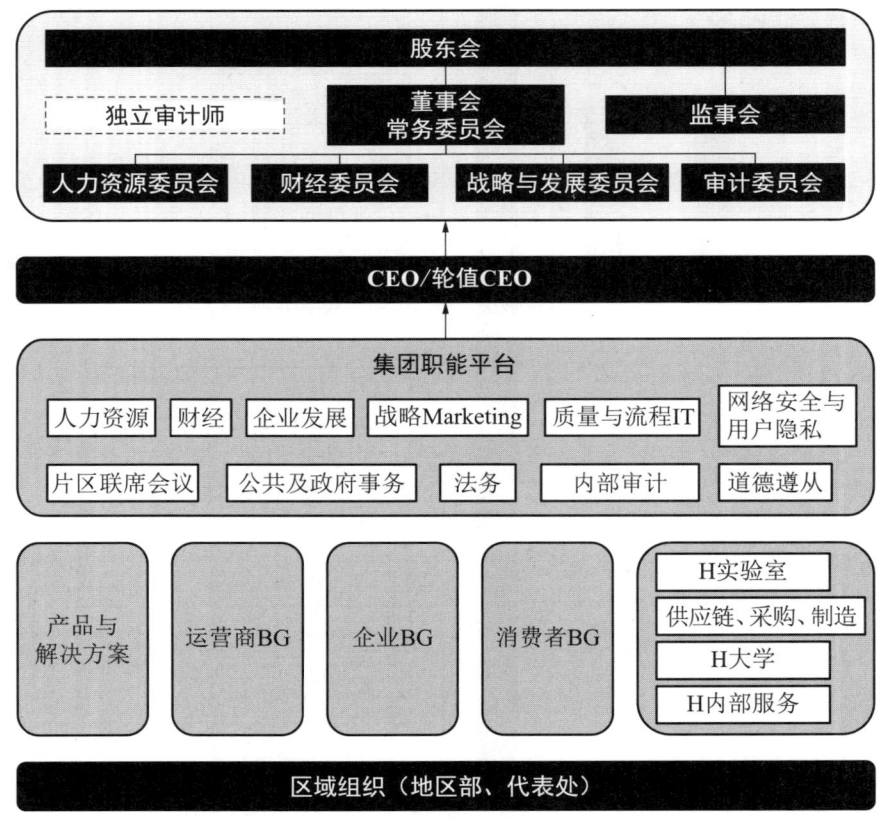

图 11　H 牌信息与通信解决方案供应商

构均为多维度的网状结构,相较于传统企业,该类企业的组织架构也更经常发生变化。

企业核心竞争力越依赖创新,企业内部跨部门协作的意愿越强烈。美国兰德智库的矩阵式组织架构很有名气,是二维协同组织,更有很多公司已实现了更多维度的协同,对部门跨界的要求更高。

H 信息与通信解决方案供应商的组织架构为客户、产品和区域三维组织。各组织共同为客户、公司负责。

运营商 BG 和企业 BG 是公司分别面向运营商客户和企业/行业客户的解决方案营销、销售和服务的管理和支撑组织,针对不同客户的业务特点和经营规律提供创新、差异化、领先的解决方案,并不断提升公司的行业竞争力和客户满意度;消费者 BG 是公司面向终端产品用户的经营组织,对经营结果、风险、市场竞争力和客户满意度负责。

产品与解决方案是公司面向运营商及企业/行业客户提供 ICT 融合解决方案的组织,负责产品的规划、开发交付和产品竞争力构建,创造更好的用户体验,支持商业成功。

区域组织是公司的区域经营中心,负责位于区域的各项资源、能力的建设和有效利用,并负责公司战略在所辖区域的落地。公司持续优化区域组织,加大、加快向一线组织授权,指挥权、现场决策权逐渐前移至代表处。区域组织在与客户建立更紧密的联系和伙伴关系、帮助客户实现商业成功的同时,进一步支撑公司健康、可持续地有效增长。

集团职能平台是聚焦业务的支撑、服务和监管的平台,向前方提供及时准确有效的服务,在充分向前方授权的同时,加强监管。

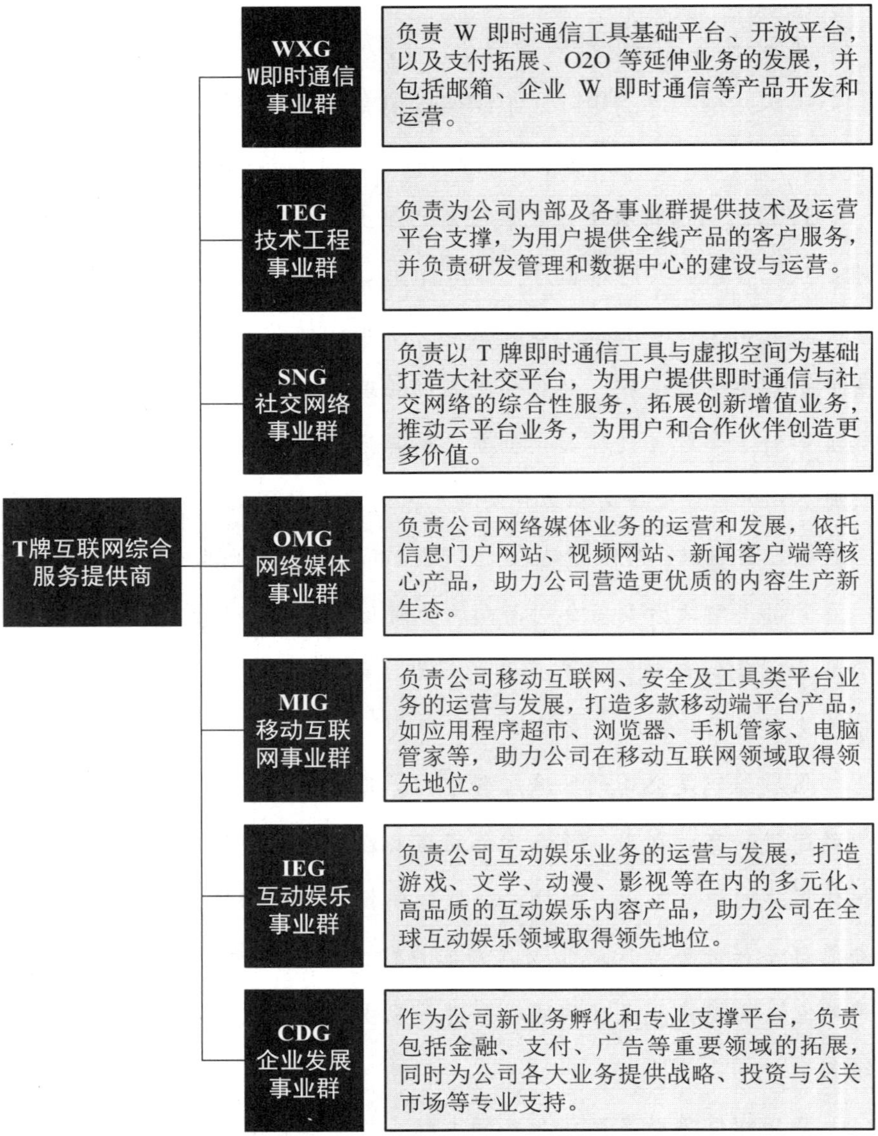

```
                    ┌─ WXG       负责 W 即时通信工具基础平台、开放平台,
                    │  W即时通信   以及支付拓展、O2O 等延伸业务的发展,并
                    │  事业群      包括邮箱、企业 W 即时通信等产品开发和
                    │             运营。
                    │
                    ├─ TEG        负责为公司内部及各事业群提供技术及运营
                    │  技术工程   平台支撑,为用户提供全线产品的客户服务,
                    │  事业群     并负责研发管理和数据中心的建设与运营。
                    │
                    ├─ SNG        负责以 T 牌即时通信工具与虚拟空间为基础
                    │  社交网络   打造大社交平台,为用户提供即时通信与社
                    │  事业群     交网络的综合性服务,拓展创新增值业务,
                    │             推动云平台业务,为用户和合作伙伴创造更
                    │             多价值。
T牌互联网综合 ──────┤
服务提供商          ├─ OMG        负责公司网络媒体业务的运营和发展,依托
                    │  网络媒体   信息门户网站、视频网站、新闻客户端等核
                    │  事业群     心产品,助力公司营造更优质的内容生产新
                    │             生态。
                    │
                    ├─ MIG        负责公司移动互联网、安全及工具类平台业
                    │  移动互联   务的运营与发展,打造多款移动端平台产品,
                    │  网事业群   如应用程序超市、浏览器、手机管家、电脑
                    │             管家等,助力公司在移动互联网领域取得领
                    │             先地位。
                    │
                    ├─ IEG        负责公司互动娱乐业务的运营与发展,打造
                    │  互动娱乐   游戏、文学、动漫、影视等在内的多元化、
                    │  事业群     高品质的互动娱乐内容产品,助力公司在全
                    │             球互动娱乐领域取得领先地位。
                    │
                    └─ CDG        作为公司新业务孵化和专业支撑平台,负责
                       企业发展   包括金融、支付、广告等重要领域的拓展,
                       事业群     同时为公司各大业务提供战略、投资与公关
                                  市场等专业支持。
```

图 12　T 牌互联网综合服务提供商

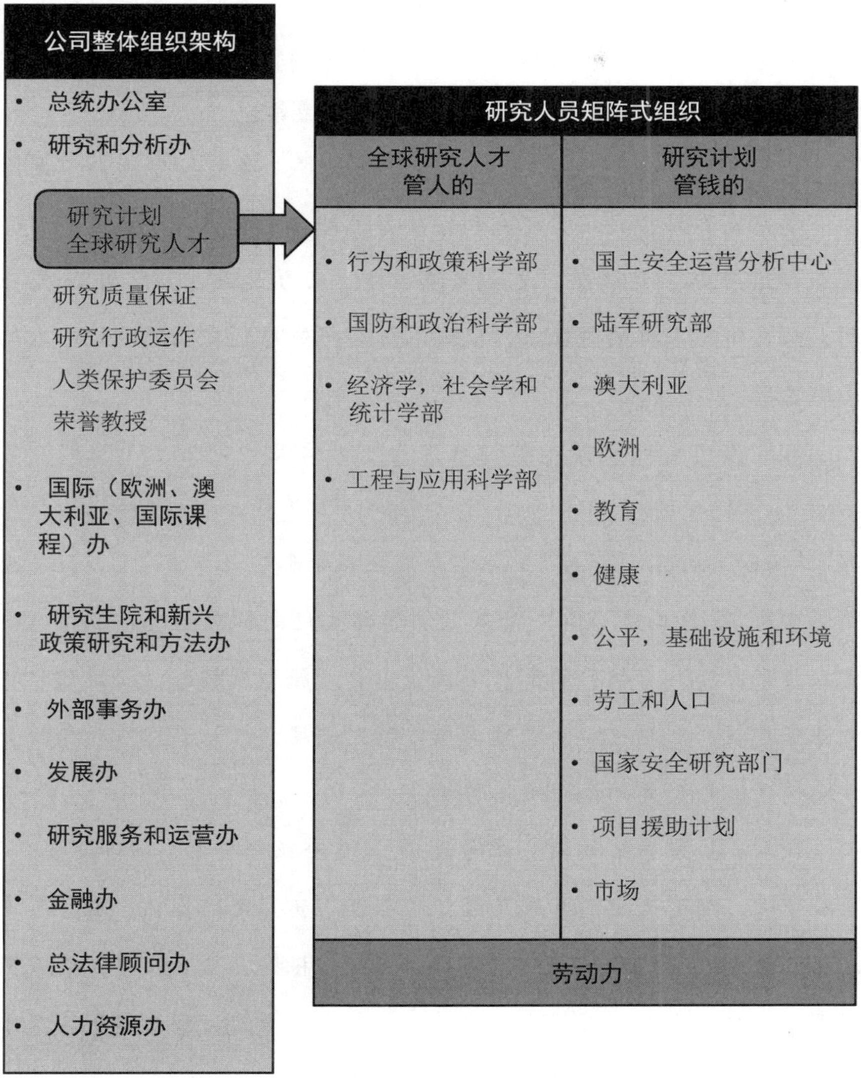

公司整体组织架构	研究人员矩阵式组织	
• 总统办公室 • 研究和分析办 　研究计划 　全球研究人才 　　研究质量保证 　　研究行政运作 　　人类保护委员会 　　荣誉教授 • 国际（欧洲、澳大利亚、国际课程）办 • 研究生院和新兴政策研究和方法办 • 外部事务办 • 发展办 • 研究服务和运营办 • 金融办 • 总法律顾问办 • 人力资源办	全球研究人才 管人的	研究计划 管钱的
	• 行为和政策科学部 • 国防和政治科学部 • 经济学，社会学和统计学部 • 工程与应用科学部	• 国土安全运营分析中心 • 陆军研究部 • 澳大利亚 • 欧洲 • 教育 • 健康 • 公平，基础设施和环境 • 劳工和人口 • 国家安全研究部门 • 项目援助计划 • 市场
	劳动力	

图 13　国外 L 牌智库的跨学科矩阵式组织架构

T互联网综合服务提供商的各项业务，从最大的布局下看，属于事业部制。而在每一个事业部，都有各自的组织架构。当应对外界环境的改变而进行战略布局调整时，T互联网综合服务提供商都会进行相应的组织架构调整，进行组织架构的深度变革。

L智库的整体行政系统包括总统办公室、研究和分析办、国际办、研究生院和新兴政策研究和方法办、外部事务办、发展办、研究服务和运营办、金融办、总法律顾问办、人力资源办，见图13左一列。而在研究人员的管理上，研究人员和研究计划之间形成矩阵式的组织管理。

L智库所有的研究人员行政上属于"研究和分析"下设的"全球研究人才"，按教育和学科背景划归四个学部，"行为和政策科学部""国防和政治科学部""经济学，社会学和统计学部""工程与应用科学部"。这四个学部是管人的，学部主任向行政副总裁汇报，负责人员的招聘、考核、薪酬、提拔、培养、警告或解聘，以及该学科的业务建设，同时也审查课题安排、研究进度、人员工作情况和经费开支情况。每个部都设有研究助理。

同时，L智库又按研究课题设立了10个业务单元，即各研究部、所和中心，研究项目的开展及经费的管理由研究部门负责。项目负责人根据课题的性质和需要，以项目为基线，根据其主要性质挂在某研究部门，再按需要涉及不同学科的知识和专门经验，到全球研究人才下设的四个研究人员管理学部去招聘调配研究人员，组成课题研究小组集中工作，待课题结束后研究人员再回到各自原来的学部中去按新项目重新组合，形成了内部流动的劳动力市场。

学部主任不交叉担任研究部门的负责人，但各个研究成果报告由管人的学部主任（不是管课题的研究部门负责人）指定公司内部的两名专家（不一定是学术权威）审定。学部主任本身也是某个领域的专家教授，也会持续以普通研究员身份参与研究项目做部分时间研究工作，但其很重要的一项职责就是寻找、聘用合适的高级研究人才。他们每年在参加专业学术年会、专题座谈会及访问大学等方面花费了很多时间与精力以寻觅合适的人才。各学部也重视并组织一定人力做本学部各学科的基础研究，以增强研究力量的长期潜力和后劲。

L智库负责研究部门的副总裁，不仅要掌管科研经费的使用、组织协调科研活动，有时还要直接牵头进行某个重大项目的研究。各研究部门负责人直接对总裁负责，同时也要接受分管研究部门的副总裁的领导。

这种矩阵式科研管理模式的特点是：管钱的不管人，管人的不管钱，以课题任务进行编组，开展跨学科的交叉研究。一旦项目完成以后，就会出现新的研究组合。它兼收了直线主管组织和横向工作组织的长处，促进了各学科人员之间的交流合作和取长补短，既有利于研究队伍整体的专业培养和学科建设，又符合研究项目需要集中多学科专家共同工作的特点。

矩阵式人员管理要求在内部形成需求再到外部找人才，缺陷是效率慢，但优点是提供了筛选机制。除了第一年是根据课题需求直接确定的人选，之后的续聘要求所有人都选择项目，如果没有他能选的项目他就必须离开。

组织结构是宏观政治经济和文化，微观行为思维和意愿的连接点，只要组织结构发生了变化，就会调动内部动力和利用外部环境发生变化。在跨界创新中，立足于对组织结构的研究和调整，是实现组织目标的关键所在。

二、跨界创新的思维方式

1. 人类的心智模式

人的三分法

科技创新无论是在科学共同体还是社会共同体层面，无论借助什么样的理论和方法，创新的主体只能是人，所以就要服从人本身的行为和思维特点。从一个意念从头脑产生，到形成一个具体的构想，通过不断地实验去验证和推进，最终形成一个科研成果，这些都需要人去完成。哪怕是科技成果的产业化阶段，也需要科学家和企业家的密切合作，否则科技成果也很难最终成为商品，服务于市场的需求。

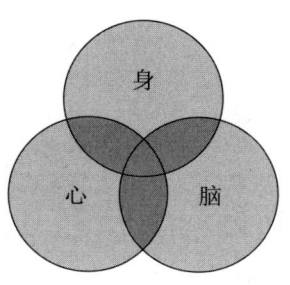

图 14　人的三分法

每一个自然人是一个整体，是身体、大脑和心灵的组合，通过行动、思维和意愿与外部世界联系成为一体。我们在分析一个人的行为和思维的时候，需要对人分成上述三个部分来看，也就是人的三分法。

人的三分法使我们看到人在社会中通过行动（doing）、思维（thinking）和意愿（willing）来运行。行动是发生在当下的事情，发生完就结束了，昨天刷牙，今天还要刷牙。意愿是不断提高的事情，昨天的意愿满足了，今天又会产生新的意愿，渔夫最早只是希望得到一个大木盆，后来的一座宫殿都得不到满足。思维却是在不断地增长中，今天所学的知识又会叠加在昨天所学的知识之上，成为新的知识，科学家的成长就是在行动和意愿支持下，思维能力的不断成长。

一个好的科学家不是将自己的知识做一个算数叠加，而是做一个指数叠加，当有新的知识进入自己的大脑，不是简单地储存，而是将它和原来的知识配对，形成新的知识。可惜的是，普通人往往因为已经具有了一定的知识，就故步自封，不但不会和新的知识叠加，而且根本就不会接受这些新的知识。

弗洛伊德在《自我与本我》中描述："当我们把某些任务摆在一个病人面前，他就会陷入困境；在他联想接近被压抑的东西时，联想就会消失。"每个人的意识中都有被压抑的一面，如果一个人认识到自己的思维和行为方式，就会去选择更有价值和意义的行动，就会有更加强烈开放的思维方式，就会有更加积极主动的内在意愿。这三者的结合将会使一个科学家有着更完善的人格，更强大的力量。

从科学家的角度，创新的过程需要持续的思想活动来支撑。最初是发散游离的状态，科学家在这一时期通过知识和逻辑的综合反应，实现复杂的创新灵感的捕捉。一个科学家的知识越丰富，跨界组合能力越强，就会形成越多的灵感。这种灵感来源不但是内在的知识，也有外部需求的牵引，一个灵感的产生往往是两者综合的结果。

从事防疫工作的徐院士曾经在西北地区从事震后防疫工作，他说："大概有两年的时间在那里工作，原来对人的防疫研究不能正常进行了，就开始对当地的动物进行观察和实验。在这个过程里面，发现藏羚羊、秃鹫等体内携带大量的致命病菌，对于人类来讲，一旦接触必死无疑，但是对这些动物却没有任何影响。甚至有一些动物通过自身携带的病菌，可以帮助自己消化吸收腐烂变质的食物，转化为自身的营养来源，这对自己的研究很有帮助。"就是在这样的观察和实验中，张院士发现了大量跨界的科学成果，奠定了自己的学术地位。

发散和收敛

我们看到早期的科学家不单纯是一个理论的创立者，很多都是创新的实践者。瓦特、爱迪生、特斯拉，他们不但作为一个科学家在推动科学的发展，还作为一个企业家或者技术人员，直接将理论和发明用于满足社会需求。现代社会中围绕科学家及其成果的服务越来越丰富，科学家可以将科学成果交给更加专业的市场化人员来进行转化，自己继续从事自己擅长的科学研究工作。这种分工不是自然实现的，而是需要社会制度和文化的支撑。在西方发达国家，知识产权保护的理念深入人心，侵犯知识产权和侵占其他财产权一样，要受到法律的制裁。由于知识产权的特殊性，一旦受到制裁，很多都是一个天文数字，使得犯罪者望而却步。

当发散游离的思想形成灵感，科学家需要将这种灵感固定下来，形成创新原型。这时候的思维方式从发散游离转变为定向集聚，也就是将理论和技术集中在某个点上，发现创新点。如果这个创新点能够得到科学共同体的承认，或是在现实中存在需求，科学家便会利用一切资源来进一步推进创新的实现。

当原型已经呈现出来，科学家面临着一个选择，是阶段性地作为一种理论和技术成果，还是继续进一步地聚焦。对于很多献身于科技事业的科学家来讲，不管条件如何，都要继续推进自己的研究和应用。在这个过程里面，科学家本身的意愿就起着非常重要的作用。如果有良好的社会共同体，将外部需求转化为对科学研究的支持，科学家可能会更加有条件进行下一步的推进。

当成果形成之后，是否进行产业化主要取决于外部因素，也就是市场预期。如果一项成果具有很好的市场前景，自然会有更多的社会共同体参与进来。这时参与各方都是根据市场需求牵引来确定方向，即使是颠覆性技术的创新，也是依托解决某个现实痛点来设计，不会是空中楼阁虚无缥缈。很多科学家往往就止步于科学成果阶段，因为科学思维和市场思维还是存在很大差异的，这种思维差异将会直接导致科技创新产品的失败。现代科学分工越来越细，科学家往往将注意力集中于一个很小的细分空间，局限了自己的跨界思考能力。

科学是没有国界的，科学家之间的竞争是一种超越国界的竞争。一个科学家要得到科学共同体的认可，并不是在一个国家范围里面，而是在一个世界范围里面。科学家虽然在具体的身份上属于某个国家，但是在科学探索中，必须取得超越国界的研究成果，才能确立自己在科学共同体中的地位。

在灵感到原型阶段，科学家面临的是整个科学共同体的检验和认可，这个科学共同体是没有国界的。人类也在鼓励科学家能够分享他们最初的科学成果，促进整体的科学发展。在成果转化阶段，大多数国家存在一定的限制，也就是说科技成果还是有国家的边界的。科学家需要在无边界的科学共同体和有边界的社会共同体之间取得平衡，既能使自己的成果获得国际社会的认可，又需要将自己的成果应用符合所在国家的法律制度要求。

由于科学共同体和社会共同体不同的范围和要求，所以科学家所在的跨界创新共同体并不是一个固定的范围，而是两者互动的结果。在跨界创新共同体中，科学家面临着复杂的外部动力和约束，因此需要有专门的服务才能更好解决自身的价值定位问题。一个国家科技创新能力不单纯体现在科学家的质量和规模上，还体现在科技转化的社会服务之中，只有建立起良好的科技服务体系，才能更好地促进科技创新的实现。

2. 跨界创新的基本思维要求

塑造静的状态

跨界创新的主体是人，不管是政府、企业还是科研机构，只有人才是真正跨界的实施者，所以说跨界的本质是人的跨界。正是在人自身跨界的基础上，才有了组织和社会的跨界。每个人都有不同的思维模式，这些思维模式从内到外地支配着人们的行为方式，决定着每个人是主动还是被动跨界，又是如何跨界。

我们已经知道人可以分为身体、大脑和心灵三个部分，这三个部分遵循着不同的规则，却又在整体地发挥作用。心灵决定了想法，大脑决定了办法，身体决定了做法。很多人有很多的想法，但是却缺乏有效的办法，也有人提出一些办法，但是却没有任何行动上的做法。

在跨界创新工具和方法中，首先强调的就是如何探究自己的内心，也就是要先有想法，形成发自内心的认同力量。只有形成发自内心的力量，才能推动自己去跨界，否则就无法形成有力的行动。

中国传统文化中，儒释道三者有一个共同的法门，就是"静"。创新需要一个静的环境，跨界创新更是需要能静下来。无论是成为君子，还是成为真人，还是成为佛，都需要通过静修获得内心的觉悟。在认同理论中，大脑的思维是一面镜子，心灵则是身体的影子，人们通过思维的镜子平衡着身心。当身心通过一定的方式静下来的时候，身、脑、心变成为了一个整体，一切的事物都明白地闪现出来。

当人静下来的时候，内心就像是一片湖泊，宁静得没有一丝波纹。外部的事物如果进入这样的环境中，就会打破湖泊的平静。我们也可以把内心的平静看作一束火光，外部的事物就像是风，当我们摒除外物的时候，火光就会更加光明，照亮周围的一切。寻找到这种静的感觉，我们就会清晰地认识自己的意愿和行动，为自己找到前进的方向。

如何去达到静的状态呢？《大学》里有知、止、定、静、安、虑、得的修炼法门。"知止而后有定，定而后能静，静而后能安，安而后能虑，虑而后能得。"通过一系列的修炼，我们使自己达到静的状态。

仅仅达到静的状态还不行，还需要使自己的静变成一个恒定的场域，不为外部的环境所影响。当达到静的状态，我们内心会呈现出平静的湖泊，我们会仔细地观察水的表面，直到看不到一丝波纹。然后我们会尝试扩大我们湖泊的面积，从有限的目力所及的范围开始，逐步地向更加宽广的远方推进。湖泊的范围越大，我们内心的静就越强大，强大到外物进入湖泊，仅仅泛起一点涟漪，然后就会恢复原来的平静。如果内心是一束火光，我们就把它扩大为熊熊不息的火炬，外部的风根本就不能使它动摇。

实现了内心的静，也就获得了身脑心一体的认同，也就有了对跨界创新的内在勇气。身体和内心沿着不同的方向向上生发，但是却又一直在思维的映照之下，在持续的自我认同中跨界创新。

科学研究是一项耐得住寂寞的事业，容不得浮躁和莽撞，只有内心的静才能获得根本上的支撑。企业经营也是一项充满浮躁和变化的事业，每一项决策都充满了凶险，需要冷静的思维支持。

在创新链每一个环节上，都是一种静的接力和汇集，只有大家用静的心态，才能坚持将跨界创新事业延续下去。静是真善美的交集，是美的行动和善的内心在思维上真实的反映，是个人和集体智慧增长的起点。

系统思考

跨界创新是一个系统工程，需要系统思维的支持，所以还需要利用好系统思维工具。系统思维里面重要的是区分现象、过程和根源，实现从外到内对真知和真相的探求。现象对应的就是我们面临的界，过程则是我们需要的跨界，根源才是跨界创新。

很多时候人们出现不同的意见和看法，并不是方向性的差异，而是对不同层次的认知差异。只有了解每个人不同的认知差异，才能获知用什么样的心态去接受对方，达成共识。

在航天领域有着质量归零①的说法，也就是当出现了异常现象的时候，不但要消除这种现象，而且还要能够解释这种现象。在解释现象的基础上，还要能够完全再次复制出异常现象。在技术上要归零，沿着定位准确、机理清楚、问题复现、措施有效、举一反三的路线走到底；在管理上也要归零，沿着过程清楚、责任明确、措施落实、严肃处理、完善规章的路线走到底。

这种归零措施的根本就是不能头痛医头脚痛医脚，不但要解决问题的现象，更要掌握问题的过程和根源。当然在具体的寻找根源过程中，各个行业有着自己不同的方式方法，但是根本的思想是一致的。系统思考把任何一点都看作系统相互作用的结果，不管是技术层面还是管理层面，不管是科学共同体还是社会共同体。

譬如说现在流行的基因分析技术，原则上通过基因我们可以对人的疾病、寿命、遗传等问题进行预测。站在科学共同体的角度，任何科学的研究都是没有禁区的，科学家可以就上述的任何问题进行研究。站在社会共同体的角度，人类除了经济和科技发展之外，还要有道德论和文化传统需要平衡，有一些技术就不一定能够符合当时的人文环境。譬如说通过基因分析人的寿命，然后用于人才的重点培养，

---

① 质量问题归零是指针对发生的质量问题，从管理上按"过程清楚、责任明确、措施落实、严肃处理、完善规章"五条标准逐项落实，并形成管理归零报告和相关文件的活动。

这就违反了人人平等的社会准则、有教无类的教育准则，因此很难实施这一类技术。

跨界创新是科学共同体和社会共同体的交集，因此就需要在两者之间取得平衡。当一项科学技术缺乏适当的人文环境的时候，跨界创新进程应该暂缓，只有当社会形成共识的时候，才能够推进这一类技术的跨界创新。之所以要采取这样的方式，主要是跨界创新和科学研究不同，不但是一个技术上的研究和实现问题，而且是一个现实中的应用问题。如果在现实中无法应用，跨界创新就缺乏现实需求的引导，需要等时机成熟才能推进。

3. 跨界创新需要发散式思维

跨界思维

G大学有位教授在讲授"经济地理学与城乡区域规划"专业课的时候，经常会和学生们说：你们选择这个专业算是选对了，别的学科基本上是越学越窄，从一个专业方向进去，越往前走专业领域越窄，最后只能在一个很小的领域里面研究发展。我们的专业不一样，是从一个专业方向进去，逐步向其他领域扩展，最终成为多方面的专家。事实上，这位教授只说对了一半，规划专业的确是一个多学科交叉的领域，但是无论学习多少知识，每个人还是最终成为一个领域的专家。因为无论这个专业扩展的领域有多大，最终都还会凝聚成一点，才能为社会提供出有效的产品和服务。只不过有些领域需要掌握的内容宽一些，有些领域需要掌握的内容窄一些。

先发散后收敛是跨界创新的最基本法门，发散是跨界过程，收敛是创新过程。跨界创新就是既要能发散出去，又要能收敛回来，构成一个菱形过程。通过知识和思维的发散，可以从多个学科去汲取营养，解放自己内在的压抑意识，实现多种观点不同角度的有机结合。发散到一定程度，需要从中选择符合自身和外部需求的内容，形成一个创新原型。在这个原型的基础上，再进一步通过发散式跨界，收敛式创新，对原型进行完善，最终实现跨界创新。

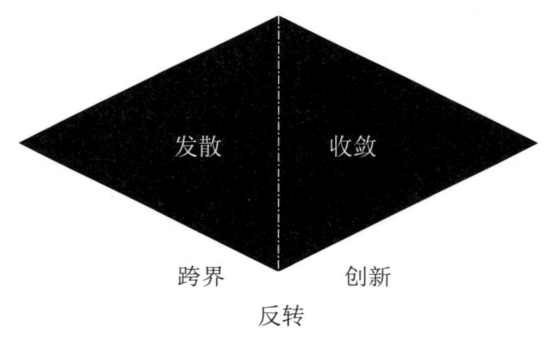

图 15　菱形过程

如何进行发散？从长期来讲，发散需要对各种不同学科知识的学习，不同行业经验的积累，不同生活场景的沉淀，不同层次人员的沟通，不同文化背景的理解，这些都是发散式思维的基础。中国古人强调"博学之，审问之，慎思之，明辨之，笃行之"。其中"博学之"是一切学问的基础，如果没有博学做支撑，就很难做到后面的审问明辨，因为这都是需要博学作为支撑的。

建立发散式思维，从长期而言，首先是建立广博的知识体系。当代大学都在推广通识教育，这也是建立广博知识的基础。通识教育提倡博览群书，上知天文，下知地理，中通人和，识古今之事，知自然之变，博学多识，通情达理。

耶鲁大学积极倡导学生选修人文艺术课程，哈佛大学在通识课中极力打造通识核心课程，倡导学生实现文理交融，清华大学也开设了专门的通识教育课程。学生们通过多样化的选择和学习，得到了知识的丰富和成长。

通识教育是关于生活各个领域知识和技能的教育，是对专业性知识的补充，超越了知识有用无用、有关无关的界限，不仅仅是为职业生涯做准备。以哈佛大学为例，在《自由社会中的通识教育》[①] 报告中提出：教育可分为通识教育与专业教育两部分。前者作为大学教育的一部分，主要关注学生作为一个有责任感的人和公民的生活需要，后者则给予学生某种职业能力训练。两者有区别，但并非相互对立和割裂。

当然每个人的学校生涯总是有限的，真正给人带来知识丰富的是在工作实践中。保持对世界的兴趣，阅读和掌握不同专业的知识书籍，形成自己广博的知识体系，是一项长期的人生事业。不同的专业知识不会分散个人的精力，反倒是能够提高对于原专业的认识，引起触类旁通。

建立发散式思维还要有不同行业经验的积累。现代社会中，很多人都不会固定在一个行业里面，而是在不同的行业里进行转化。以

---

① 出自哈佛红皮书。

我本人为例，第一份工作是在政府事业单位从事公路桥梁检验检测工作，主要是和各类工程建筑打交道。除了需要具备基本的公路桥梁知识之外，还要了解一些检验检测设备的使用和维护，虽然这是一个非常专业的领域，但是也要有桥梁领域和电子设备领域之间的知识跨界。

后来我在高校工作，因为自己学习了工商管理知识，所以也参与一些企业咨询和投资。在这过程中，我每参加一个企业咨询案例，就会对自己提出一些跨行业的知识要求。这些要求可能是比较宏观普遍规律的认识，但是也丰富了自己的知识结构，获得了一些不同行业的实践经验。再到后来从事公共管理培训工作，又对政府不同部门有了更深的认识，获得了间接的政府部门工作经验。

通过对政府、企业和技术部门不同的实践体会，我对于跨界创新有了更加深刻的认识，这也是我提出跨界创新理论的源头。一个问题在政府部门、企业家和专家看来其实是三个问题，因为他们都有不同的立场和视角。在这样的环境中，如果没有跨界视角，三者很难达成一致意见，因为每个人都认为自己获得了第一手的材料，都相信自己的判断，并且在自身所在的群体中获得了认可。这种基于不同立场的观点，压制了每个人自身思维的发散，使自己只能从个人的角度去观察和判断问题，降低了他们跨界创新的能力。

经验的价值

在知识对发散思维的影响里面，还有一项容易被忽略的知识，那就是不同生活场景的沉淀。"宰相必起于州部，猛将必发于卒伍"①，没有一定的生活场景积累，对于知识的吸收和发散就会受到限制。一个具有发散式思维的人，往往不仅是因为读过万卷书，而且是因为走过万里路。

如果没有对于生活场景的认识，就有可能成为不食人间烟火的圣人，虽然满怀悲悯，但是却无法真正地理解现实。很多人了解慈善事业，甚至也参与过一些慈善活动，但是当他们真正进入贫困地区，体会到还有人过着那样艰难的生活之后，才会对慈善事业有着更加深刻的认识。

深入现实中，或者去体会不同的生活场景，能够丰富每个人的思想和情感，使他们更容易进入发散式思维的状态。很多人因为命运的安排，不得不在不同的生活场景里面转换，积累了丰富的经验体会。也有的人可能生活比较安逸，没有太多不同的生活经历，这就需要尽可能地去接触不同的环境，积极地丰富自己。

建立发散式思维方式还需要和不同层次人员的沟通。人是一种群居动物，喜欢和群体生活在一起，但是他们更喜欢和自己认识一致的人在一起。当认识层次一致的人在一起的时候，往往很容易就获得其他人的认同，也就失去了获得不同观点交锋的机会。长此下去，每个人都生活在自己的舒适区里面，思维很难得到发散。

---

① 出自《韩非子》。州部：古代基层行政单位。卒伍：士兵的队伍。这两句大意是：宰相一定从基层州部兴起，猛将一定从基层卒伍发端。这两句用于强调国家的文臣武将，特别是高层的官员和将领，一定要从有基层实际工作经验的人中选拔。否则处理政务，领兵作战就可能是纸上谈兵，耽误国家大事。

不可否认，由于知识和环境不同，有的人能够比别人看得更远，认识得更清晰，但是这并不代表能够理解不同层次的人。穿普通衣服的人不能理解花两倍价格购买品牌服装的人，购买品牌服装的人不理解花十倍价格购买奢侈品服装的人，有人说这是贫困限制了想象力。事实上，这样的问题反过来也是一样，就像皇帝质疑穷人没有粮食为什么不吃肉糜一样。当一个人缺乏对不同生活层次人的理解，他也就无法通过想象为对方着想，也就无法形成和对方相关联的发散式思维。

在丰富的知识和实践基础上，还要不断地审问自己，才能获得发散式思维。发散式思维有五个层次，首先应该认识到答案是不唯一的。小时候有一种玩扑克牌的方法，每人抽出两张牌，然后用四张牌计算，谁能先计算出 24 算谁赢。这个游戏最有教育意义的地方不是谁能计算出 24，而是往往有多种方法都能计算出 24。对一个正在形成自我意识的孩子来讲，知道正确答案不是唯一的，比快速得到答案更重要。

数学是最有逻辑的学科，然而一道数学问题都可以有多种解题方法，何况人和人之间的观点呢？一个成熟的人，无论面对什么样的问题，不要轻易地就否定别人。无论自己有多么大的把握，先假设别人也是对的，才听得进不同的意见。

不唯一，一件事明白自己是对的，对方可能也是对的，是一个人从智商发展到情商发展最为关键的一步。很多人智商很高，但是情商却不高，就是没有越过这一障碍。一旦认为自己有了正确的想法，其他人的想法就不再理会，进入一种执着于自我的状态。

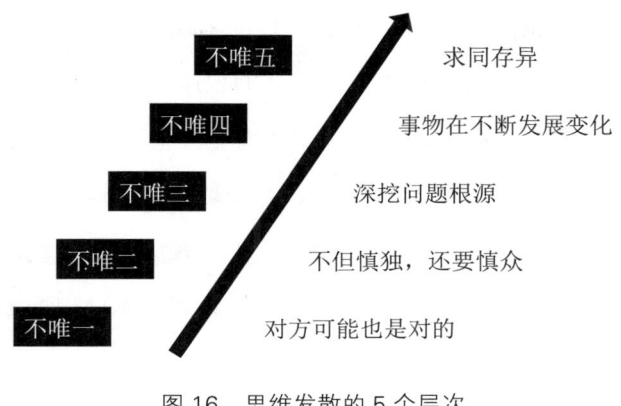

图 16　思维发散的 5 个层次

不管是做领导还是做朋友，不等对方表达出想法，就轻易地否定别人，成为很多人的通病。有一个朋友非常聪明，在学校里面学习成绩也很好，但是在工作单位却没有很好的发展。主要的问题就是自以为是，唯我独尊，不愿意听取不同的意见。交流中经常打断别人说话，一副真理在手、说完就走的样子。

真理只会越辩越明，给别人说话的机会是一个现代文明环境下的基本礼仪。无论是以权力，还是以资历，甚至是以武力压制不同的看法，短期内似乎是自己很痛快，长期就会越来越偏执，最终受伤害的还是自己。

其次是认识到听取广泛意见的重要性，也就是不唯二。除了听进别人的意见之外，还要知道每个人都有一定的局限性。俗话说忠言逆耳，有悖于自己意愿的意见总是难以接受，所以就选择性地接受意见。有一种人，不是完全听不进意见，而是只听特定人的意见。选人像武大郎开店，做事像孩子王过家家，在自己的小圈子里自娱自乐，获得一些下属的支持和认可，就以为自己掌握了真理。选择性接受意见既给自己壮了胆，又不至于损害自己的权威，一举两得。

每个人都有自己的圈子和朋友，大家在一起虽然要相互支持，但是也要相互提醒，不要相互抬轿子。古人讲究慎独，一个人的时候要注意自身的修养，现代人沟通交流方式多，更要注意"慎众"。人外有人，天外有天，要有能力跳出小圈子思考问题，不要以为圈子里的人都夸你水平高，你就真的水平高。

有一种说法叫作"中国式过马路"，人少的时候还能遵守交通规则，一旦人多了反倒可以理直气壮地闯红灯。真理从来不是根据人数的多少来判定，更何况是有选择地去听取意见，只有做到"不唯二"，才能选择正确的行为方式。

再次是要深挖问题的根源，也就是不唯三。既能理解自己的局限性，又能广泛地听取意见，是不是就可以保证自己思维的正确呢？也不一定。在几何中大家知道，三点确定一个平面，即使在某一阶段我们广泛听取了不同意见，也有可能仅仅停留在表面，没有真正触及问题的实质和根源。

赤壁大战之前，孙权也是广泛地听取谋士们的意见和建议，结果大家的一致意见是投降曹操。如果根据这样的意见就投降，也就没有后面的赤壁之战和三国鼎立了。谋士们看到了百万曹军的威力，也知道投降对自身荣华富贵没有影响，自然得到这样的结论，但是孙权作为江东之主的下场就不一样了。诸葛亮正是看到更深层次的原因，才能指出投降的严重性，最终说服孙权联刘抗曹。

无论听取多么广泛的意见，如果没有深入地挖掘问题的根源，就不能得到深刻的结论。大家都知道地球中心是火热的岩浆，不停地翻滚动荡，这并不妨碍我们安稳地躺在床上。正是因为地面是坚实而稳定的，我们才能忽视了地下酝酿的危机。直到有一天，地壳的运动产生了火山或者地震，人们才意识到坚硬的土地下面，地球还有一颗火热的心。

多问几个为什么，深入地探索问题的答案，是提高系统思维能力的关键。不唯一、不唯二都是要听取更广泛的意见，解决沟通和团结问题，也就是做到认同里面的美和善，不唯三则是要挖掘认同里面的真。只有做到不唯三，才能避免思维走过场，认识到问题的实质。

再次是认识到事物是不断发展变化的，也就是不唯四。无论对一个问题认识多么深刻，随着时间的推移，一切都会发生变化。历史的车轮是不断前行的，如果没有及时地调整，现在的正确可能就成了将来的错误。不断地否定自己，才能不断地更新自己，而不断地否定自己，就需要听取不同的意见。想要听取到不同的意见，就要保护不同意见的来源，求同存异。除了系统化思考之外，还要从进化的观点去思考问题。

现在是过去和未来的连接点，所有的新都包含着旧，所有的旧都支撑着新。用发展的眼光看问题，才能在黑暗中发现光明，才能在失败中学会成功。

中国有句古话叫"士别三日当刮目相看"，只有不断修身和成长的人才能够被称为士。一个人不仅有基本的是非善恶之心，还要有历史的观点来看待问题，不被一时一事蒙蔽了双眼。

马克思哲学的重要组成部分就是唯物主义历史观，人类社会从低级到高级的发展过程有一定的规律，所有的制度都是暂时的，没有永恒的社会制度和形态，社会制度是社会基本矛盾发展的结果。

人类发展是如此，个人发展也是如此，意识到自己只是历史车轮上的一个链条、一个瞬间，才能真正找到自己的历史定位，不会被胜利冲昏头脑，也不会被失败打翻在地，成为一个完整的自我认同的人。

最后是要懂得求同存异，也就是不唯五。一件事情会有一个是非曲直，但是并非一定要分出一个成败胜负。世界之所以丰富多彩，就在于它是求同存异的，并不要求完全一致。如果这个世界上只有一种生物，那么他也就离灭绝不远了。有人说知识分子的定义就是他的脑子里存在两种不同的观点，还能正常地运行。

不能包容不同的意见，不能接受不同的行为，是一个人建立发散式思维的大敌。当我们想到美丽、温柔、善良这些词的时候，我们很容易就会联想到丑陋、凶狠和恶毒，这是不以我们的意志为转移的。在这个世界上，只要有正的一面，就有反的一面，如果我们想要丢弃反的一面，往往也会失去正的那一面。中国文化里面有"反者道之动"的说法，只有不同或者相反的力量，才是推动规律发展变化的动力。

环境的重要性

从短期而言，发散需要放松自己的心灵，放开自己的思维，活跃自己的身体，包容不同的观点，克服开放自我的恐惧，建立和周围环境的联系。

要学会放开自己的思维，能够和环境相连接。一个社会的文化气氛决定了现实的环境，而人恰恰又是环境的产物。不管我们是否愿意承认，在没有实现共产主义之前，人类社会还是有阶层的。有的人把赚一个亿作为一个小目标，有的人把能够娶到老婆作为自己的终身理想。这种阶层结构可能在某一个时间阶段被打破，但是很快就会恢复到原来的样子。之所以我们要建立认同，就是因为我们认识到社会中存在太多的不同，这些不同才是社会的常态。

每个人都希望自己站在社会的更高阶层，无论是权力，还是财富。这种希望是社会发展的压力，也是社会发展的动力。一个正常的社会就是允许人们有梦想，也能通过自己的努力去实现，在这个过程里面，实现了个人和社会的同步发展。随着人类的发展，我们虽然不能根本解决社会阶层不平等的问题，但是我们还是实现了阶层的流动。

有的人害怕社会阶层出现固化，影响到自己的发展途径，其实这是多虑了。无论什么样的社会，固化的不是阶层，而是人们的思维，只不过思维很难实现自我觉察。我们知道人是肉体和精神的矛盾体，我们既有基本的生理需要，也有更高的精神需求。当我们的思维固化以后，我们失去了调整自己生理和精神需求平衡的能力，也就是失去了向上发展的动力。

在一个组织里面，制度就是组织的生理需求，价值理念就是组织的精神需求。一个人在组织里面，如果以不违反组织制度为指导，就失去了向更高层次发展的机会。只有站在组织价值理念的角度去思考问题，安排自己的时间和行动，才能在组织层面上获得发展的方向。

建立发散式思维还要克服自我内在的恐惧。在有的场合里，自己觉得信马由缰、游刃有余，天上的事情知道一半，地上的事情全知道。在另外的场合里，觉得自己就像是个小学生，手放在前面怕没有礼貌，手背到后面怕显得骄傲。改变我的不是我自己，而是我所在的环境和场域。

当我们将视线过多地集中在自我身上的时候，场域就开始挤压我们内在的空间，也就在别人眼里成为一个内向的人。当我们放下自己，将注意力向外，我们也就成为整体的一部分，成为一个外向的人。这种转变是我们和外部环境互动的结果，大多数时候主动权不在外部，而在我们内心。

很多人的内向是被动的。或许知道这种场合下自己没有发言的权利，或许知道自己发言的内容会不合时宜，或许知道说了也没有太大的意义。与其自讨无趣，还不如趁早承认自己内向，大家都好收场。

在一个组织里面，一个人不爱讲话可能是内向问题，如果大家都不爱讲话，那就是环境和场域的问题了。内向的人不是能力差，更不是傻瓜。当别人夸夸其谈的时候，内向的人心里有一千个理由和证据去反驳，但是却没有付诸行动。有些时候实在忍不住说几句，却被别人认为是不值一驳的浅见。时间长了，索性真的成了一个内向的人，应了那句话："哀莫大于心死。"

塑造一个自己的内在环境，在身心平衡的条件下实现理性的增长。利用自己的理性，搭建一个属于自己的身心自由空间，不会被外在的环境所困扰，建立自己开放的场域。这样我们的缄默就不再是内向，而是一种对外在环境的适应手段。从组织和社会的角度来看，营造一个开放的场域，才能使大家畅所欲言，将很多问题解消于未然。

4. 跨界创新需要收敛式思维

消除负知识

前面所说的都是如何促进思维的发散，只有在发散性思维的过程中，才容易实现跨界。无论汇集多少的河流，最终还要归入大海，无论怎样跨界，最终的目的还是要回到创新上。要想实现创新，就需要在发散的基础上进行收敛，最终形成技术产品的突破。

当我们理解和掌握了发散性思维，就容易理解和掌握收敛性思维了，这是一个和发散相逆的过程。在这个过程里面，多中心要向单中心转变，完美型要向可行性转变。

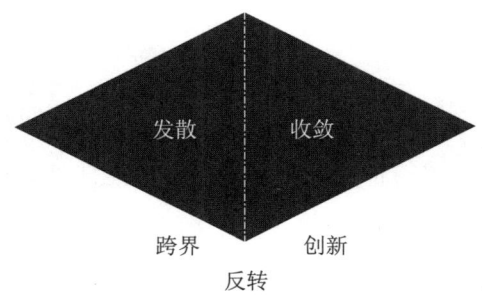

图 17　菱形过程

在收敛的过程中，首先要剔除负知识对我们的影响。人生在不断地积累经验，但是经验往往是一种错觉，需要不断的身体力行。古希腊哲人说"没有人能够两次踏进同一条河流"[1]，外界事物总是在不断地发展变化之中。如果拿着某些固有的知识理念去解决现实问题，难免会发生类似于郑人买履或守株待兔的故事。一个人有知识是一件好事情，但是如果不能灵活应用，就会成为负知识。

我把那些自身牢固掌握但外部环境已经发生变化的知识称为"负知识"，这些负知识会阻碍我们的创新。譬如我去清华附近一家熟悉的餐馆吃饭，中途去洗手间，到了洗手间发现，原来的地方已经变成后厨了。我再返回头去找，发现洗手间就在我经过的途中。为什么没有发现呢？因为自己觉得知道洗手间的位置，就不需要去观察寻找，所以才经过洗手间而不入。因为内心觉得自己知道，就不再关注外部环境的变化，这就是典型的负知识。

现在还有一些地方在招商，无非是投资多大的企业，给予什么样的政策优惠。有些重工业、周期性的产业对地方可能会有短期的收益，但是长期来看不但不会有助于发展经济，而且还会带来巨大的环境压力。为了可持续发展，还是要鼓励创新型企业，这样对旧的产业升级和新的增长点培育都有帮助。创新型企业本身没有多少固定投资规模，但是需要优秀的企业家和科技人才，这些都是难以用钱来衡量的。当前科技发展已经进入了一个靠人才和技术发展的阶段，如果还停留在招商就是招机器设备和巨额投资的思维中，将来会成为他们新

---

[1] 出自古希腊哲学家赫拉克利特。他把存在的东西比作一条河，声称人不能两次踏进同一条河。因为当人第二次进入这条河时，是新的水流而不是原来的水流在流淌。在他看来，宇宙万物没有什么是绝对静止和不变化的，一切都在运动和变化。

的招商引资的负担。

环境改变但思维不变，知识就是这样从正面走向反面。一个人具有的负知识越多，就越会忽视外部的变化，越会犯骄傲自大的错误。

比贫富差距更可怕的是生活环境导致思想的隔离，生活在不同环境里的人们因为缺乏独立思考和批判精神，逐渐成为环境的俘虏。这些知识并非是对这个世界整体的认识，而是各自不同的角度，但他们却对自己的认识深信不疑，形成社会中思想的割裂和对立。

有的人包括一些专家生活在大城市里，享受着中国发展的成果，认为中国已经成为一流的世界强国。有专家甚至提出，国家不仅在经济上有了巨大的发展，甚至科技创新都已经超越了美国。也有人生活在偏远的农村，生活还是要依靠土地和外出打工，孩子们缺乏亲情和教育，他们感到了和社会正在远离。

一个人和环境不适应的知识多了就形成了负知识，很多人的负知识多了就形成了社会的负文化。在任何社会，话语权总是掌握在中上层的精英手中，如果这些人不能够深入实际，了解社会的实际情况，就会提出一些脱离实际的政策建议，干扰正常的社会发展。

有时候对问题的认识不一致，又要做出一种意见一致的样子，所以因为善和美伤害真的情况不断发生。出于对冲突的回避，大家表面和和气气，但是却失去了相互的信任。这种人和人之间信任的缺乏，逐步转化为一种伪装的知识和经验。具有这种知识的人就被称为成熟，不具备这种知识的人就会被认为幼稚。长期的、大量的负知识聚集起来，就成为社会的负文化。

真善美是标准

当我们需要收敛式思维的时候,应该以真善美作为收敛的目标。真善美是统一的整体,不是割裂来看的,美是外在的体现,善是内在的动机,内外一体。失去了美,善就没有现实价值,失去了善,美就失去了道德根基。

真善美真为首,善为本,美居末流。如老子所说:"天下皆知美之为美,斯恶已。皆知善之为善,斯不善已。有无相生,难易相成,长短相形,高下相盈,音声相和,前后相随。"[1] 如果没有了真作为前提,善就是伪善,美就是伪美。

王莽在声誉如日中天的情形下接受禅让建立新朝,可惜非要逆潮流之势,恢复周礼,结果导致又一轮的生灵涂炭。我们现在来看王莽的改革措施,很多都是尽善尽美的设计,然而和实际的环境差别太大,因失真而伤其本意。

崇祯和他的列祖列宗相比,本来是大明朝难得的有为之君,但是也最终因为失真而失身。内外交困之际,李自成、皇太极都伸出了橄榄枝,如果卧薪尝胆,还有一线生机。可惜崇祯为了自身的面子,不惜出尔反尔斩了兵部尚书陈新甲,局面终于无法收拾。

真善美是一个整体,之所以很多人丧失了真善美,并不是不了解真善美的价值,而是割裂了其整体价值。孔子带领弟子周游列国,弟

---

[1] 出自老子的《道德经》,天下都知道美之所以为美,丑的观念也就产生了;都知道善之所以为善,不善的观念也就产生了。所以有和无因相互对立而依存,难和易因相互对立而形成,长和短因相互对立而显现,高和下因相互对立而依靠,音与声因相互对立而谐和,前和后因相互对立而追随。

子曾点偷吃了叶府的一只羊，曾点的儿子曾参告诉了孔子。孔子说："父为子隐，子为父隐，直在其中矣。"

真善美之所以被割裂，就是因为我们没有区分三者的度量方法和用途。真代表的是规律，因此要用知识和思维去度量，一旦牵涉了情绪，就很难保证真的纯度。美代表的规则和秩序，需要用实践和行动去度量，身体力行。善代表的是希望和意愿，需要用心灵去体会和度量。

如果我们不是用脑，而是用心去体会真理，我们就会收集对于我们有利的一切证据，而忽视那些对我们不利的证据，真理就会成为我们意愿的俘虏，任我们摆布。那么我们不但得不到真，也失去了善。

同样的，如果我们用美去体会真理，我们就会把真理修整成一盆盆精致的盆景，虽然装点了我们的环境，却失去了自然。

凡是敌人反对的我们都赞成，凡是敌人赞成的我们都反对，这种用情感决定思维的方式，最终不是你打击了敌人，而是敌人控制了你。只有用三把不同的尺度去度量真善美，才能真正将三者协调起来，实现最终的创新。

三、跨界创新的推演方法

跨界创新需要工具

每个接受跨界创新理念的人都会有一个问题：怎样才能实现跨界创新？这就需要学习一定的跨界创新方法。这些方法本身并不一定原来就是为跨界创新所创造，但是的确可以帮助我们实现跨界创新。

有些跨界创新方法是为了解决跨界问题，譬如说冰山模型和九宫格法；有些是为了解决创新问题，譬如说思维导图和六顶思考帽；有些是个人自我跨界创新的工具，譬如说九型人格法和冰山模型；也有些是集体跨界创新的工具，譬如说世界咖啡和U型理论。

冰山模型告诉我们，我们看到的都是表象，在表象之下还有事物形成的过程，而过程的源头则是事物发生的根源。九宫格法则是帮助我们进行联想和扩散思维的一种手段，它发挥了视觉思考和右脑思考的双重功效。头脑风暴则更加直接地将发散性思维和相互激发联合起来，形成一个发散性思维的整体。世界咖啡则是一种深度交流的工具，促使人们在发散性思维的基础上，通过赋予意义形成共识。六顶思考帽是一种收敛性思维方式，通过一致的目标实现共振，从而得到建设性的成果。九型人格法帮助跨界创新者认识到自己内心才是所有问题的起点，建立起相互间的内在联系。U 型理论则是将沟通聆听和共同思考结合起来，使发散和收敛在一个整体的过程中得以实现。

这些工具接受和使用起来非常简单，但是能够真正地理解和掌握不但需要反复地练习，必要的话还需要一定的思维方式作为支撑，也就是要参考一下第六章的内容。当然，罗马不是一天建成的，只要建立起对跨界创新的基本认识，就会最终形成自身的跨界创新成果。

接下来，让我们开始跨界创新的方法之旅吧！

1. 冰山模型法

冰山模型在很多场合都可以看到，因为我们所在的世界真的像一座冰山，大多数的事实真相隐藏在水面以下。

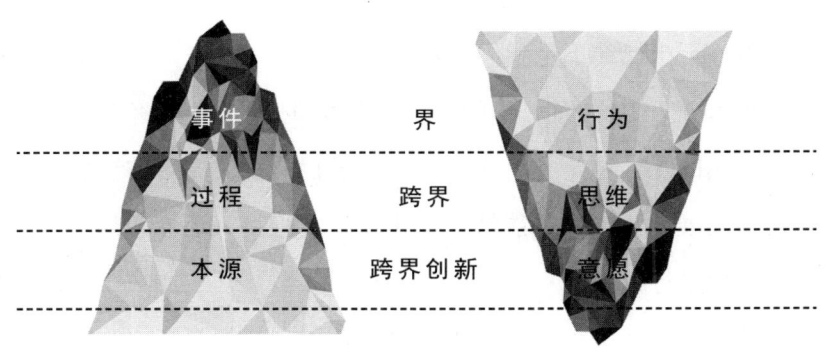

图 18　冰山模型

每当我们面对一个现象，我们都会认真地观察和分析所见到的情况，这还远远不够。如果你喜欢福尔摩斯或是名侦探柯南，那么你就更容易理解冰山模型的重要。

我们要探究的冰山并不是同一种材质组成的，你所看见的部分被称为现象；你所没有看见的，但是可以推测的水下部分，我们称为过程；围绕着这座冰山的一切环境，我们称为源头。

当我们需要跨界的时候，我们首先要面对的就是什么是界？在冰山模型里面，界就是我们所看到的现象，就是那些浮在水面上，只要你认真去看，一定能够看到的东西。

界就是冰山的可见部分，就出现在我们视线所及的范围内，我们看得到、摸得着。因为世界充满了界，所以我们每天都在被不同的冰山包围，要想跨界，首先是要看看哪些才是我们主要面临的问题和挑战。冰山模型告诉我们的第一个答案就是界是可以感受到的。

当我们看到了冰山浮在水面上的界，然后逐步下沉的过程就是跨界，也就是对界进行深入地解析。当一个界被解析完毕以后，也就不称其为界，至少已经不是我们的障碍。

我们知道冰山水面之下的部分是巨大的，这就是跨界的困难所在，但幸运的是，这是一个有迹可循的过程。我们面对的一切现象都有其发生发展的过程，都能够凭借逻辑和实验将其还原，只不过需要我们认真地进行投入。

当我们掌握了如何跨界，也就进入跨界创新的最后一步，找到源头。事实上这是非常困难的一步，我们知道很多事物的表面现象，也知道它的形成过程，但是我们不知道它的源头，就像是宇宙、人类，以及很多不为我们所掌握的真相。

源头才是一切的主宰，过程和现象不过是它的细枝末节，但是我们就是在这些细枝末节里面经常迷失。很多人仅仅看到了问题的表象，仅针对表象进行机械式的反应，从来不会去探索事物的过程和源头，也就不会进行跨界和创新。

当我们面对外部事物时，如果能够利用好冰山模型，就会从现象出发，透过过程，去上溯到源头，就有可能实现跨界和创新。就像很多科学知识一样，需要很多人很多代的努力，才可能看到创新的源头，这些也是跨界创新的伟大之处。

冰山模型给我们一双透视的眼睛，使我们能够洞察表象下隐藏的问题。通过思维不断地下沉，我们不但有可能实现跨界创新，还可能使自己成为一名合格的侦探。怎么样，试试吧？

2. 九宫格分析法

九宫格分析法，又称曼陀罗思考法，是一种有助于扩散性思维的思考策略。

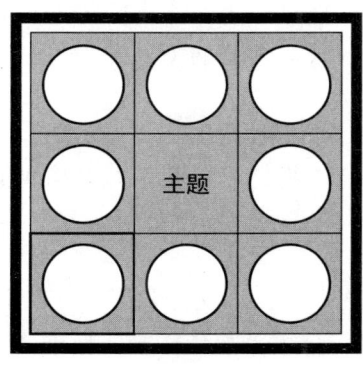

图 19　九宫格

首先列出一个三乘三的表格，然后将主题写在中央的格子里面，在跨界创新应用中，这个主题往往是我们需要跨越的界。主题确定之后就展开联想，把由主题所引发的各种联想写在主题附近的格子里，从主题核心出发，向八个方向去思考延伸。

这种联想可以是毫无规律和规则可循的，也可以是进行一定的策略进行引导，核心就是为了形成八种不同的创见。我们的大脑本来是具备这种发散式思维功能的，不过因为发散过程中灵感往往稍纵即逝，当有一个九宫格作为工具，这些灵感便会被及时地记录下来。

当九宫格被填满以后，如果感觉思维发散还是不够，可以再进行进一步的发散，将九宫格变为64格，甚至是512格。当我们凝视着九宫格的时候，作为主题的界，就在慢慢地融化，像水一样逐步地流满它所相邻的格子，然后又会继续向外流淌。只要你愿意，这种流淌就会不停地蔓延，直到你感觉到已经实现了跨界为止。

与文字记录相比较，九宫格是一种视觉思考，会促使人们的右脑发挥作用，激发灵感。很多人的创意来源于思维，也有很多人来源于动觉，还有些人更擅长视觉。有的人坐一整天也没有创意，但是出去散步的时候反倒悟出了真谛。有的人看文字毫无头绪，但是如果画成图表就会有所收获。

通过感觉器官感觉事物之后，利用九宫格刺激潜能激发，可以实现思维的发散。

九宫格可以有"四面八方扩展型"和"围绕型"两种使用方式。"四面八方扩展型"是一种不设限的模式，特别适合用来处理毫无头绪的跨界过程。

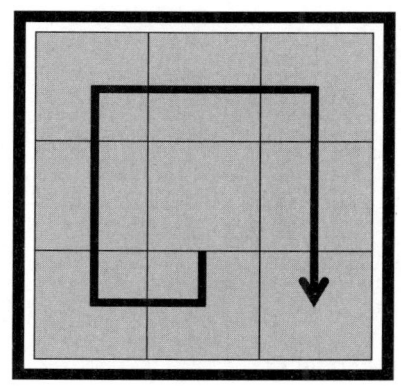

图 20　九宫格——围绕型

另一种形式是"围绕型",这是一种顺时针的思考顺序,在中心格上列出主题以后,以逆时针的方式安排行程。这样的形式可以跟"四面八方扩展型"搭配使用,亦即"围绕型"中的任何一个空格也都可以被拿出来当作"四面八方扩展型"中的中心议题,然后再加以发挥。这样的跨界就会有一定的方向性,适合已经有一定目标的跨界过程。

3. 头脑风暴法

一个人的跨界是孤独的,前两种跨界方法适合自己用,如果觉得还没有头绪,不妨多找几个人一起来试试头脑风暴吧。

头脑风暴是一种无限制的自由联想和讨论,其目的在于思维发散的同时能够相互激发。虽然说众人拾柴火焰高,但是人一多就会心理上相互作用影响,怎么样既能激发大家的意见,又不损害个人独立的意见，头脑风暴就产生了。

头脑风暴法可分为直接头脑风暴法（通常简称为头脑风暴法）和质疑头脑风暴法（也称反头脑风暴法）。前者是在群体决策中尽可能激发创造性，产生尽可能多的设想的方法，后者则是对前者提出的设想、方案逐一质疑，分析其现实可行性的方法。在跨界过程中，我们一般可以使用前一种，在创新过程中，我们可以使用后一种，这也是一次先发散后收敛的整体过程。

跨界是艰难的，尤其是当界横亘在面前高不可攀时，需要大家通过思维的"人梯"才能实现。在头脑风暴中，一个新的观念会触发另一个新的观念，产生一系列的连锁反应，形成一个可以跨越界限的梯子。

跨界的过程是冗长的，大家集中在一起自由发言，相互影响和启发，相互支持和感染，不但带来思维上的突破，更能形成心灵上的沟通，使得跨界成为联系团队的纽带。

就像攻打一座城池一样，每一个攻城的勇士都希望自己是第一个爬上城楼的，因此会形成一种竞争意识。当人们处在竞争意识中，自然就会激发出更多的灵感，冲破旧有边界的束缚，最大限度地发挥出跨界潜力。

头脑风暴法有一条重要原则，就是不得做出怀疑、批评、轻视或者干扰的动作或神情，最大程度上保护跨界者的自由。这是非常重要的一条，我们知道跨界本身就是一种冲破阻力的过程，如果我们再施加另外的阻力，就加大了跨界创新的难度。

4. 世界咖啡法

虽然你喝过咖啡，但是你不一定喝过世界咖啡。你会问：世界咖啡是一种什么咖啡？好不好喝？如果你想实现跨界创新，世界咖啡可能是你喝过的最好的咖啡。

跨界创新不是停留在表面的创新，而是要建立深层次连接的创新，而世界咖啡就是一种深层次交流的工具。世界咖啡也不是个体创新的工具，而是集体跨界创新的工具。

世界咖啡在一种真诚互利和共同学习的精神指引下，通过人们聚在一起喝咖啡聊天的情境和氛围，让背景各异、观念不一，甚至素不相识的人能够围坐一起，进行心无挂碍的轻松交流和畅谈，让深藏的思想碰撞出火花，形成集体的智慧。

世界咖啡完全符合跨界创新的要求，不同专业背景、不同职务、不同部门的一群人，针对数个主题，发表各自的见解，互相意见碰撞，激发出意想不到的创新源头。人们很容易被自己过去的经验限制，成为负知识的承载者，同样一个组织也是如此，很容易被制度或价值理念所限制。在这样的情况下，跨界的成本越来越高，以至于没有人负担得起。

世界咖啡一般会采取多个轮次的方式，让不同的人在不同的群组中充分交流，然后将他们交流产生的洞见分享出来。让参与者从自我封闭中解放出来，使人们能够用新的视角来看世界。

世界咖啡要求人们进行深度的会谈，并产生更富于远见的洞察力。

事实上这并不是什么高深的活动，我们每天在做的很多事情都有点类似于世界咖啡，只不过没有这么专注和集中。世界咖啡的关键在于分享所有对话者的意义，从而在群体和个体中获得新的理解和共识。

世界咖啡中的深度会谈并不是分析解剖事物，也不是去赢得争论，或者去交换意见，而是一种集体参与和分享，并因此能够在群体中萌生新的理解和共识。这种共识就是跨界的基础和动力，也是跨界的意义所在。

当我们通过九宫格或是冰山模型获得了对跨界创新的认识和理解，我们就可以通过世界咖啡来进一步赋予跨界意义。这种共识的达成将会支撑跨界的持续，避免因为相互之间理解的不足导致跨界的失败。

5. 六顶思考帽法

六顶思考帽和头脑风暴不同，为了避免将时间浪费在谁对谁错的互相争执上，大家按照规定的方式进行思考。当戴上某一顶颜色思考帽的时候，就只能按照帽子所指定的思考方式来进行思考。

白色思考帽：寓意中立而客观。全体成员需要关注客观事实，关注问题的背景，以及问题本身。在这个阶段大家需要的是认清表象，也就是定义跨界的起点和问题所在。千里之行，始于足下，跨界一定要有一个牢固的起点。

绿色思考帽：寓意生机勃勃。这时候是一种发散式思维，需要发挥创造力和想象力，尽可能地提出跨界的途径和方法。提出的途径和

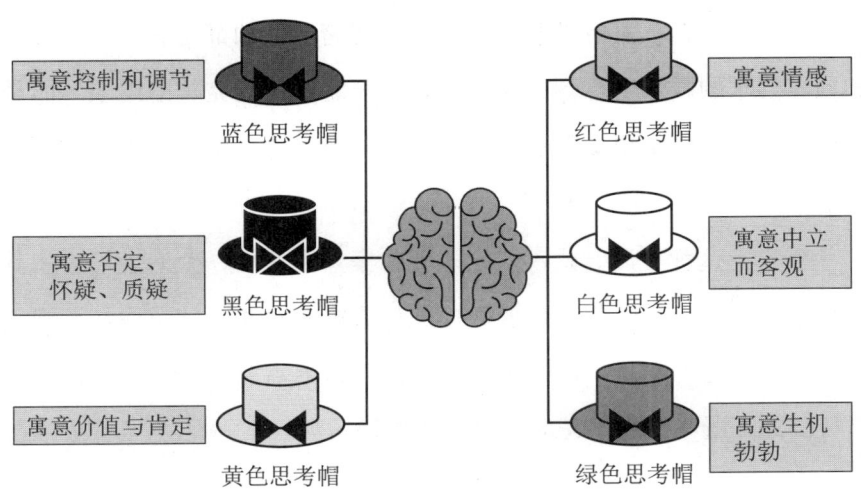

图 21　六项思考帽

方法越多,也就为跨界引入了更多的力量和元素,为跨界创造了条件。

黄色思考帽:寓意价值与肯定。跨界需要动力和信心,通过对跨界途径和方法的鼓励,使得跨界成员有更大的信息去完成挑战。大家都从正面考虑问题,表达乐观的、满怀希望的、建设性的观点,因为任何一个措施,一定都能找到值得借鉴的地方。

黑色思考帽:寓意否定、怀疑、质疑。跨界不是一帆风顺的,有很多的问题和挑战,考虑到的困难越多越细致,在实际中的风险就越小。大家尽情发表负面的意见,找出逻辑上的错误,讨论方案的缺点和潜在风险,理性地分析最坏结果。

红色思考帽:寓意情感。跨界有时候并不是完全依靠逻辑进行的,直觉感受和预感也是非常重要的参考。很多科学家都是在个人直觉的指引下进行研究,并获得成功,因此跨界也不能少了直觉的支持。

蓝色思考帽：寓意控制和调节。任何跨界活动都是有一定的时间和预算要求的，当进行到一定阶段，不一定要得到完美的结果，而是要得到可接受的结果。因此当进入这个环节，这次跨界之旅就该告一段落了。

事实上这种交流方式不一定非要在集体中使用，个人也可以将其作为一种跨界工具。每当需要转换一种思维模式时，就考虑自己戴了一顶不同颜色的帽子。从这个意义上讲，跨界需要我们从多个角度去看待问题，既不能过于悲观，也不能过于乐观。

6. 九型人格法

跨界的核心在于人，人的核心在于心智模式，如果能够对人的心智模式有更多了解，就能更好地实现跨界。当半瓶水放在那里，有人会想这是半个满瓶，也有人会想这是半个空瓶。九型人格法就是一种人对自己内心动机觉察的工具。

九型人格将人的特性分成九类，每一类型从健康到不健康也有不同的层级。九种性格横向来比没有好坏之分，在健康的时候，九型人格就是九个天使，在不健康的时候，九型人格就是九个魔鬼。

1号人格：完美型。拥有此人格的人在方方面面都要求完美。

2号人格：助人型。助人型如果不能帮助别人，他就会感到很内疚，会想尽一切办法去帮忙。

3号人格：成就型。此类型的人来这个世界是为了追求成就，很希望得到别人的赏识。

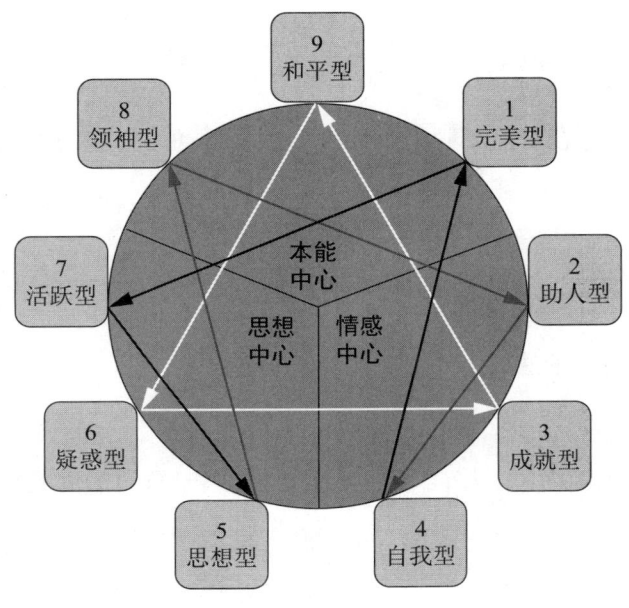

图 22 九型人格

4 号人格：自我型。这类型的人很忠于自己的感受，跟着感觉走。

5 号人格：思想型。这是一个特别享受思考、经常用脑的人。

6 号人格：疑惑型。这是一个充满疑惑的人格。

7 号人格：活跃型、开心型。他们来到这个世界是为了活得开开心心，去体验很多开心的事物。

8 号人格：领袖型。他们特别喜欢当家做主，很不喜欢被人家指指点点。

9 号人格：平和型。这种类型的人注重和别人和平的关系。

九型人格充分证明了人是一种多样性的生物，他们在不同的心智模式下共同生活。事实上，我们人类社会就是一种跨界的组织，不管是什么样的人格，都要在统一的制度框架内生活，这也就可以解释同样条件下，为什么有的人感觉到幸福，有的人却感觉到悲伤。

九型人格法可以帮助人们明白自己的个性，从而完全接纳自己，并同时明白存在其他不同的个性类型，从而懂得如何与不同的人交往沟通。这会有助于跨界创新者建立起共同的事业，能够建立起畅通的聆听方式。

7. U型理论法

U型理论提出，人们往往会让自己局限于自己的固有思维或者某个视角，而正是这个局限使人不能够去更加开放地学习与探究，这无疑是创新的大敌。跨界是和不断的学习密切相关的，一旦失去了学习的支撑，跨界也就失去了活力之源。

通常U型过程实现有七个步骤：

1. 下载；2. 观察；3. 感知；4. 自然流现；5. 结晶；6. 塑造原型；7. 运行。类似《大学》里提到的，"知止而后有定，定而后能静，静而后能安，安而后能虑，虑而后能得。"通过思维的下沉和重新定位，突破人的盲区，找到问题的真相，恢复内心的平静。

在U型理论中将聆听分为了四个层次。第一个层次叫下载，或者客套。意思是说一个人说话的内容是遵从别人想听的内容而说的，并非是说出真实的想法。从组织学习的层面来考察这个内容会发现，这种模式是比较无效，因为它剥夺了个体的能力，使得团队作战时无法真正谈论问题。

第二个层次是争论，或者叫直抒己见。处于第二层次的人会将自己说的话看成是自己的"外套"。如果他人指责或批评了自己的观点，就是在批评自己，这个人会启动防御机制，为自己的观点辩护，会争论说为什么其他人是错的，为什么自己的观点更好。

第三个层次聆听是反思性对话，或者叫共情。第三层的本质是开始看到自己是整体的一部分，并从这个角度发声。此时的谈话行为方式从惯常的防御，做辩护，转向探询他人的观点。此时，边界被打开了，聆听的人会从对方的角度来感同身受，可以理解对方为什么会有这样的想法，理解背后的原因，学会换位。

第四个层次是深层次聆听，这样的谈话被称作集体创造力，谈话的人群变成一个整体，通过互动让前所未有的新事物得以生成。

每一个层次都是一次跨界过程，而整个层次构成了一次完整的跨界。

8. 认同理论法

认同理论将人的实际功能按照三分法进行划分，分为身体、大脑和心灵，分别对应人的行为、思维和意愿。当身体所引导的行为和心灵所引导的意愿发生冲突的时候，大脑引导的思维承担协调者的角色，最终三者和谐统一，即达到了人自身的认同，处于幸福的状态。

同样，组织的认同也有三个维度来考量，制度、结构和价值，分别对应个人在组织层面行动的总和、思维的总和与意愿的总和。制度是组织运行的基础，结构是实现内部流程的保障，价值是组织存在的意义。三者和谐统一，即形成了认同型组织。

　　类似的，社会的认同也有三个维度来考量，政治、经济和文化。分别是组织在社会层面制度的总和、结构的总和与价值的总和。政治是社会的秩序，经济是社会运行的核心，文化是社会存在的意义。三者和谐统一，即形成了认同型社会。

　　个人、组织和社会三者结合起来，就可以得到整体的认同结构。整体的认同即可实现家齐、国治、天下平。

9. 思维导图法

　　思维导图是表达发散性思维的有效图形思维工具。思维导图运用图文并重的技巧，把各级主题的关系用相互隶属与相关的层级图表现

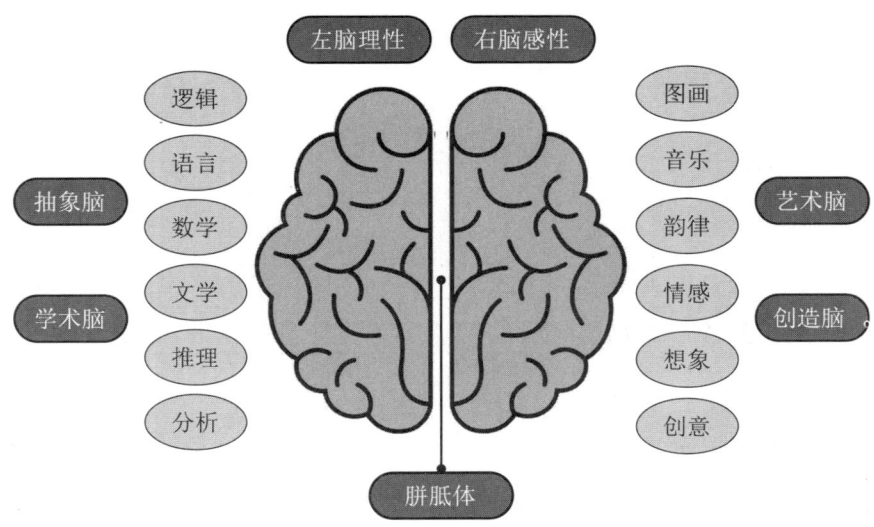

图23　左右脑功能图

出来，把主题关键词与图像、颜色等建立记忆链接。思维导图充分运用左右脑的机能，利用记忆、阅读、思维的规律，协助人们在科学与艺术、逻辑与想象之间平衡发展，从而开启人类大脑的无限潜能。思维导图的最大的两个好处就是方便记忆和理清思路，同时思维导图特殊的记录方式也便于捕捉跳跃思考。

思维导图有五大要领：可视化、放射性思维、关键词技术、逻辑分类、颜色管理。通常来说，一个使用者是否能够真正有效地运用思维导图，取决于他对逻辑分类和关键词技术这两大要领的熟练应用程度。

思维导图有显著的功能的原因是因为大脑喜欢图像的记忆方式，人体的左脑是抽象脑和学术脑，主宰逻辑推理分析等，人体的右脑是艺术脑和创造脑，主宰创意情感绘图艺术等。中国人经常修炼左脑，但是两个半球协同工作才是最优的状态。因此，思维导图这种左右脑协同工作、图文并茂的形式很容易被大脑接受并发挥巨大功效。

思维导图被很多人视为提升效率的有效工具，常常被应用在突破思维限制、职场的问题分析与解决、活动策划、新产品开发、头脑风暴、项目管理、任务管理、逻辑沟通、弹性沟通、信息整理、读书笔记、高效学习等领域。

思维导图的绘画步骤是：首先，找出所关注内容的中心主题。然后，从不同的维度来思考这个问题，确立二级标题。随后，进行关键词提取，对每一个二级标题的细节进行展开。最后绘画不同的颜色，添加绘图，对思维导图进行优化，形成便于被大脑识别的思维导图。

第四章

跨界创新的实践案例

案例 1　中纺院浙江分院创新发展模式

1. 发起

纺织行业作为中国传统的优势产业，发展最好的一些区域一直集中在沿海省市，近年来排序第一是山东，后面依次是江苏、浙江、广东和福建。早期以国有企业为主导的纺织行业时代，北京、河北、辽宁等北方地区也有很多纺织企业，后来随着民营企业的发展，逐渐往江浙一带转移。

作为产业研究院的中国纺织科学研究院有限公司（以下简称中纺院）长期设立在北京，如果不能跟第一线产业用途相接近，就面临脱离市场的危险，可能会慢慢被行业淘汰。作为产业技术研究院必须深入产业的第一线，于是中纺院提出要"融入产业一线当中"的目标是一种必然的选择。

绍兴在浙江省的纺织行业有着悠久的历史，历史上绍兴就以纺织大区著称，可以覆盖到周边萧山、杭州、宁波等地区。绍兴纺织行业鼎盛时期在全国份额很高，多种产品在全国乃至全世界都名列前茅，近些年业务收入在 3000 亿元左右。中纺院拥有大量的科研成果需要向产业转移，而绍兴的产业集群为此提供了良好的施展空间。

为提升绍兴纺织产业，也为了为中纺院的科研成果转化寻找一片沃土，中纺院与绍兴市人民政府于 2005 年 7 月联合建立了中纺院江南分院（现已更名为中纺院（浙江）技术研究院有限公司，以下简称浙江分院）。这是一个集技术研发、科技成果推广与应用、企业服务于一体，实现纺织产业高新化的科技创新平台。作为绍兴引进的第一家科技创新平台，也是绍兴最成功的大院名校科技创新载体，浙江分院先后被认定为国家中小企业公共服务示范平台、国家技术转移示范基地、浙江省重点中介机构和浙江省中小企业公共服务平台，并设有院士专家工作站。

中纺院浙江分院在绍兴市政府支持下，建成了 114 亩产业园，25000 平方米的科研大楼和中试车间。以中纺院为技术依托，整合社会科技资源，为企业提供科技信息咨询、政策法规咨询、技术成果转化、新型纤维材料开发、纺织染整新技术开发、纺织新产品开发（含小样和中样打样服务）、染整助剂与工艺开发（含小样和中样打样服务）、印染 ERP 系统开发、纤维到成品的检测、坯布检验、科技项目与奖励的策划、申报与管理、新产品鉴定、知识产权保护（可供专利策划与撰写服务）、产学研合作等科技服务。

时任中央政治局委员、国务院副总理刘延东对中纺院浙江分院的工作考察后指出："中纺院与浙江绍兴结合，直接进入产业最集中的地方，开展纺织产业公共服务，这是一条产学研结合的区域发展之路、产业发展之路、改革创新之路。要在浙江省和绍兴市政府的大力支持下，立足绍兴，辐射浙江乃至长三角，面向全国。"

2. 成长

中纺院浙江分院最初就是作为一个窗口，仅有四十多平方米的办公用房，用于办公和联系，没有实验室，相当于是一个展示和宣传机构。后来根据业务需要慢慢地建立了第一个实验室，又逐渐成立了几个中心，就这样慢慢地发展起来了。

开始200万元的注册资金已经不能满足分院的实际要求，后来经过两次增资增到3000万元。绍兴政府每年还提供300万～500万元的经费支持，浙江分院得到了很好的成长机会和条件。

在业务发展上，从开始为当地企业服务，到后来推动自己的科技成果在当地进行产业转化，成立了六家子公司。这些公司由于有技术支撑，发展的势头很好，和中纺院自身研究也有很好的融合。

据统计，浙江分院建成之后，除了对绍兴纺织产业进行技术服务之外，每年给绍兴税收贡献超过一千多万元，税利两千多万元。还从事了大量企业成果转化，专利政策培训、人才培训等。由于民营企业比较多，当地企业对科技政策的理解有较大偏差，中纺院帮助政府在这些方面做了很多工作。随着时间的推移，分院在当地越来越受到政府的重视和认可，绍兴市的领导多次前去调研，每一任市委书记和市长都会给这个项目很大的支持。

中纺院浙江分院这个公共服务平台是为产业和企业服务，一方面市场有什么需求，从这个平台可以收集到；另一方面这个平台不去做过多的基础研究，做服务的同时将信息收集回北京，然后把一些共性技术让北京总部来做，北京总部通过这个平台的技术需求，将全国十个纺织高校资源整合在一起，起到一个桥梁的嫁接作用。收集需求，再把高校的科技成果和院里成果通过这个平台孵化下来。

十几年来，中纺院浙江分院共计承担国家、省、市各级各类项目 108 项，接受绍兴企业委托项目 132 项，合同金额 1 亿多元，获授权发明专利 24 项、授权实用新型专利 27 项，申报国家标准 9 项，获得省部级以上奖励 20 余项。累计服务纺织企业 500 余家，召开各种讲座、培训、研讨会，培训企业技术、管理人员 6000 余人次。通过与绍兴及浙江区域企业的合作开发以及推广中纺院的工程技术，为企业带来 200 多亿元销售收入。

中纺院浙江分院发展壮大的过程，也是中纺院产业在绍兴不断扩大、生根结果的过程，11 年间，中纺院先后投入 2.16 亿元资金，集聚了化工助剂、纺织新材料、智能装备、检验检测四大板块产业，形成了年创效益 2 亿多元，年创利税 2000 多万元的纺织高新技术产业园。

3. 创新

最初设立浙江分院时，国家提倡以企业为主导的产业合作，当地政府也认为企业的机制能更好地调动创新的积极性。在这个思路下，中纺院浙江分院最初设立时是一个企业机构。

随着业务的开展，绍兴政府希望浙江分院能推动当地行业和中小企业的发展，这就违背了作为一个企业性质研究院的初衷。一开始绍兴政府同意每年给分院一部分的费用，用来支持和服务当地企业，但是出现很多问题。例如，政府凭什么把经费给浙江分院，而不给其他企业？为此政府要各个企业都进行项目申报，导致中纺院不得不自己出钱为当地企业服务，这样做明显与一个企业发展相违背。

浙江分院同时肩负着三方面的任务：

第一是要满足研究院的要求，研究院希望通过分院把当地的信息收集过来，把协同的事情做好，同时不能亏损；

第二是当地政府要求浙江分院更好地为当地纺织企业服务，只要促进当地企业的发展，浙江分院自身的发展并不重要；

第三是当地企业要求浙江分院实实在在地为其产品增值做服务，为科技创新做服务。

很明显这三方面的要求存在很大的不同，浙江分院无法同时满足这些要求。于是经过中纺院和绍兴政府协商，又成立了事业编制的研究院，研究院属于绍兴市人民政府下属事业单位，相当于政府出钱委托研究院做共性技术的服务和培训。绍兴市人民政府每年给浙江分院600万元经费，进行预算制管理。

通过十几年的发展，浙江分院从最初企业性质的公司，到后来发展中发现这个平台是公共服务的性质，不能按照公司化的模式，必须是一种政府行为。依托这种模式，中纺院又在福建晋江成立了海西分院，后来又在江苏海安成立了海安分院。这些分院都是跟政府共建，作为公共服务平台的事业单位，为当地企业提供服务。

在组织结构上，双方采取一定的股权结构，一般是75%：25%。中纺院委派技术人员，政府负责搭建平台，提供支持经费，无偿为企业服务。政府对分院有多种考核形式：企业有多少成果对接？有多少个成果发布？建立了多少行业标准？有什么专利申请？等等。

除此之外政府还对企业进行考核，它可以通过税收，还有新的科技成果产业化以及新技术的产品比重等，从这几个维度来进行考核。平台通过一段时间运行以后，慢慢地会形成一个良性的循环，在这个过程中也会有一些新的技术，进而会形成新的产业。

"中纺院浙江分院跨界创新示意图"详见下图。

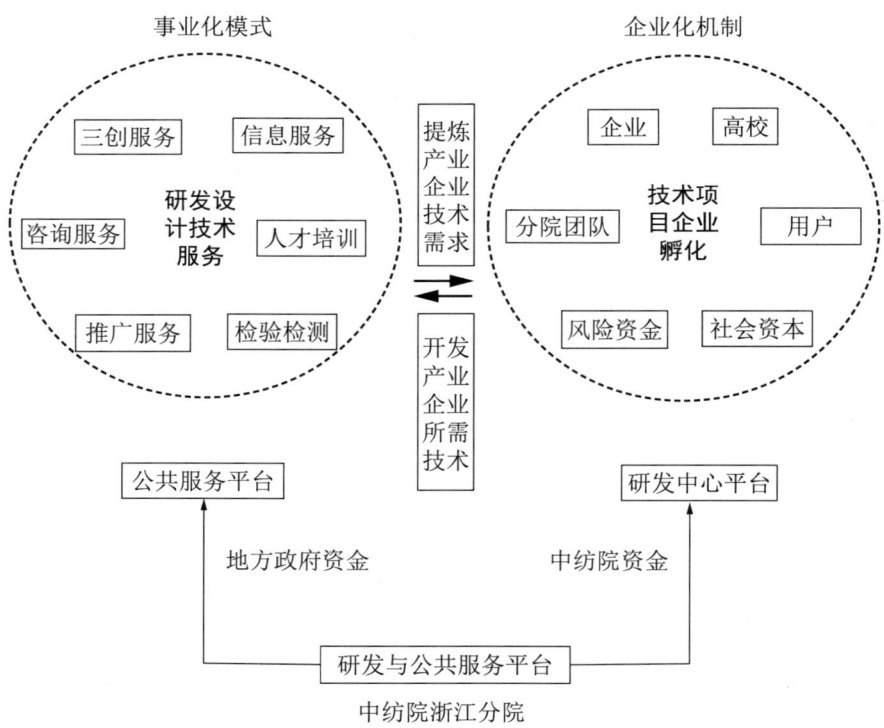

图24 中纺院浙江分院"政产学研用五位一体""一院两制"跨界创新发展模式

央企或者高校为主体跟政府共建公共服务平台，能够更好体现平台的公益性。公共服务平台对中国产业转型至关重要，如果公共服务平台搭建得好，能把高校的资源、研究院的资源、企业资源和地方政府资源高度地融合在一起，成为一种真正意义上的跨界创新运行模式。

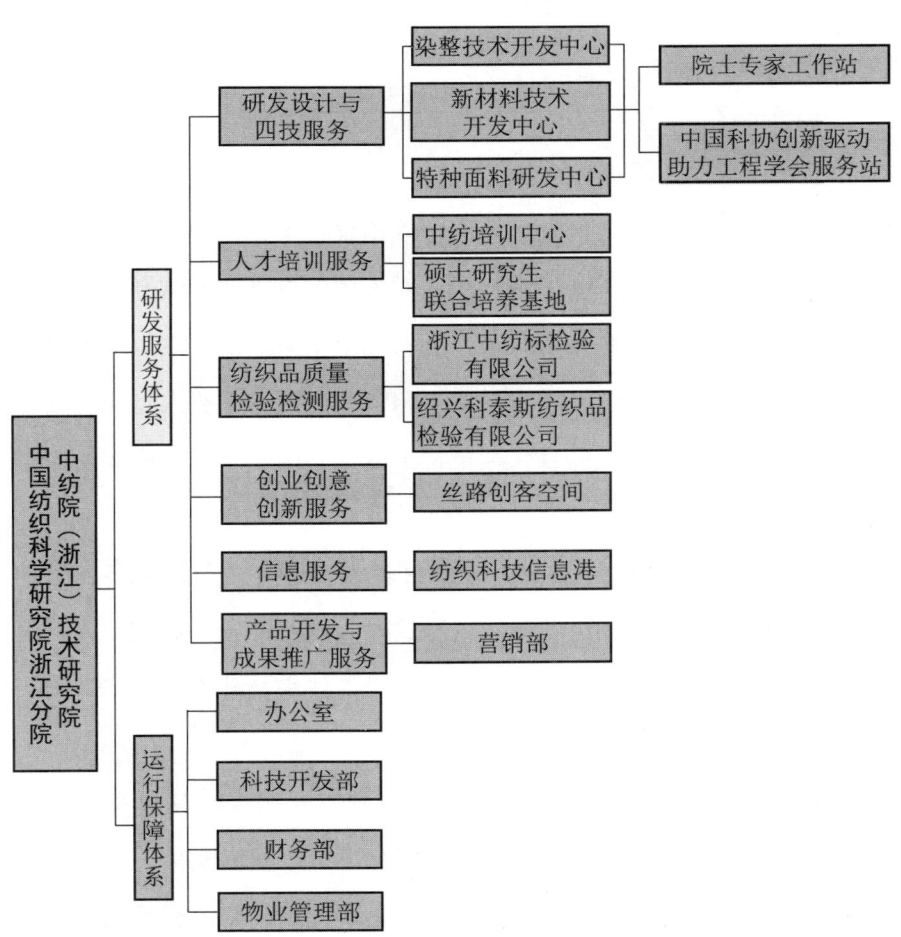

图 25　中纺院（浙江）技术研究院

通过十几年的努力，浙江分院由江南分院改称中纺院（浙江）技术研究院有限公司。改名意味着浙江分院具备了服务浙江全省的能力，服务范围可以辐射到更多的地方，但是也面临着经费来源的问题。以前主要服务绍兴，所以绍兴市政府可以提供专项资金，但是如果服务全省，经费如何筹措是个问题。

4. 挑战

首先的挑战是人才问题。浙江分院不仅要考虑企业运营，同时跟政府合作和服务企业都要考虑，所以对人才的要求就非常高。浙江分院启动的时候只有一个技术人员，还有几个新来的研究生。慢慢发现如果想把分院做好，没有学术带头人和管理方面的带头人是非常困难的。怎样找到合适的人并且长期坚持下去，这是一个研究机构所面临的挑战。

浙江分院已有 12 年历史，有两百多人，这两百多人大多在当地招聘。也有一部分人招聘的时候就跟这些人说明准备外派到绍兴，但是先招到北京，这样对孩子在当地的入学、住房补贴等政府都会给予很大的支持。

其次是自身造血功能问题。浙江分院发展至今，其自身的造血功能是一个非常大的问题。浙江分院孵化了六个法人实体，但这些企业到最后只有两个有股份，剩下的纯粹是研究院投资或者其他投资方式，浙江分院只做了大量的服务工作和衔接当地政府的工作，到最后利益没有体现出来。所以对于它自身来说，未来以一种什么样的模式发展更好也值得探讨。

最后怎样让更多的当地企业参与到分院的工作当中来,可能还有很多工作要做。浙江分院这么多年来也是培育和服务了很多企业,现在来看可以做的工作非常多,如果能有更多的人才,如果真的有很多这方面的学术带头人能够深入产业的第一线,可能会做得更好。

中纺院浙江分院是科研机构如何通过和地方政府合作,实现对市场前沿信息掌握反馈的一个很好案例,在十几年的时间里通过创新保持了良好的发展态势。事实上,任何科研机构,只要有跨界创新的心态,接受时代的挑战,也就能够实现创新链的完整,实现自身价值。

指导人:刘辉　执笔人:朱明

案例2　中国交通类移动终端基站信令的价值与应用

1. 背景

改革开放三十多年来，我国公路交通基础设施发展取得了翻天覆地的变化，公路网规模从2001年的169.8万公里上升到2014年的446.39万公里，实现了跨越式发展，释放了我国公路运输发展的潜力。按照《国家公路网规划》，到2030年，我国大陆公路网总体规模约为580万公里，其中国家公路约为40万公里。与此同时，随着经济社会的快速发展，公路交通运输需求快速增长。截至2014年年底，全国汽车保有量已达1.54亿辆，汽车驾驶员已超过2.46亿人，而且数字仍保持高速增长的态势。随着公路网的日趋完善和公路交通运输需求的快速增长，国家公路网运行压力及运输强度进一步加重。仅凭基础设施条件改善，已不能满足人民群众"安全、便捷、舒适"的出行需求。

随着公路管理部门对公路网监测、运营管理水平和服务能力日益重视，我国公路网监测工作取得了一定的成效。一方面发布了多项行政规章和标准规范，初步建立了公路网监测体系的制度保障。其次，各级交通运输部门都积极推进路网中心机构的组建工作，在组织机构、运行机制、系统建设以及服务管理等方面取得了重要成绩。此外，各级路网管理部门积极推进公路网监测体系建设工作，在全国范围内大规模部署了视频、车检器、交通量调查站等各类路网监控设备，建设路网应急指挥平台，并积极开展公路网公众出行信息服务工作。

相对庞大的国家干线公路网规模而言，目前路网运行管理工作依然存在着监测范围及覆盖能力不足、没有实现区域一体化监测、不能动态实时评估路网运行状态及监测设施可靠性得不到良好保障等问题，难以满足"可视、可测、可控、可服务"的发展战略要求。特别是现有的交通流监控设施主要针对断面交通流监测，难以实现覆盖全路网运行状态的监测。因此，立足于目前我国路网运行监测体系建设刚起步的现状，面对我国路网规模不断扩大、人民群众交通出行需求日益旺盛的压力，亟须一种新的路网监测手段，全面补充、提升现有的运行监测体系，提升路网管理能力。

近年来，随着手机终端的普及，基于移动通信的位置服务成为一种新兴的广域动态交通探测方式，通过众多手机用户的位置信息来分析推断动态交通状况是"互联网+"在路网管理中的重要应用，基于现有移动通信网络资源开展路网交通运行状态的信息采集，建立分析模型获得实时的路网交通运行状态，并分析未来发展态势，具有建设维护成本低、实施部署周期短、数据获取实时性高、易于实现全路网运行监测等优势。

2. 应用

基于手机信令进行交通相关数据分析是一种低成本并且极易推广的技术，在国际上有很多的研究机构对此进行研究。

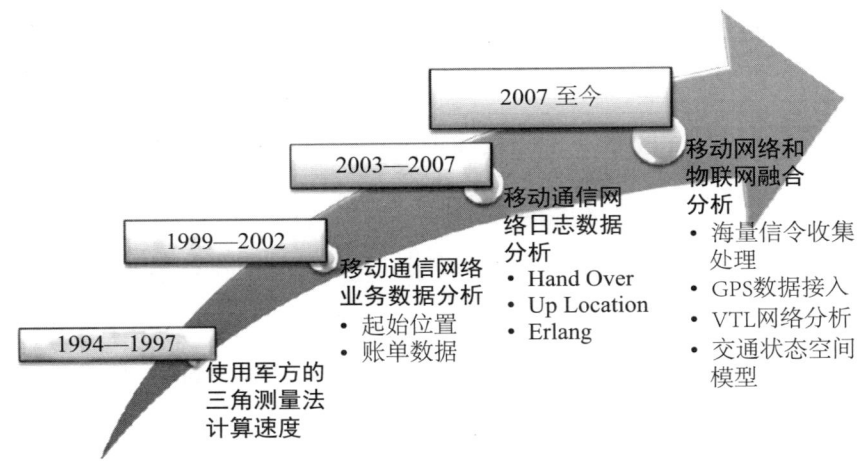

图 26 手机位置数据进行交通流量速度估计时序图

最早使用手机作为位置的应用出现在 1994 年，CAPTAL 项目中使用手机信令和基站位置的三角关系，进行移动中的车速计算。该项目被广泛应用于当时的军方项目。1999 年开始，有些研究机构开始使用移动通信网络中的业务数据进行交通流分析。1999 年的 White and Well 公司使用手机的账单数据对城市出入环境进行分析。2000 年的 Yim and CayFord 公司使用了 44 小时的包含通话期间的手机位置的无线数据进行了简要的交通流分析。2001 年 Simth 进行了一次规模相对比较大的手机交通速度计算的实验，它使用了 160 部特殊的手机，它们每两秒报道自己的位置数据，每分钟手机 4800 个点。使用这些数据和基站数据成功地进行了交通速度分析。2001 年的 SRTIP 和 2002

年的 Kummala 使用手机通话数据和手机基站切换数据进行的对某个人的旅行线路的追踪分析，追踪了旅行中的交通状况和交通速度，并进行了分析。2003 年之后，随着数据管理的能力进一步增强和流数据处理能力的上升，基于手机信令数据已经可以收集管理，并可以分析移动通信网络的日志。主要是对通话中基站切换 Hand Over，心跳及大区切换 Up Location，基站通话压力的 Erlang 数据进行分析处理。2003 年的 Thiessenhusen 使用了匿名的手机的 Hand Over 数据进行了对交通流数据的评估与分析。随后 2004 年的 Rutten、2005 年的 UVCTS 则进一步使用了 Hand Over 数据和 Up Location 数据对交通流以及交通拥堵进行了分析。针对特定旅行线路中的交通流问题，2006 年的 Maerivoet and Loggthe 和 Bar-Gera 进行了旅行线路上的交通流分析，使用 Erlang 数据可以得到一定的积累时间小区附近的通话数量。2005 年的 MIT Senseable 和 2006 年的 Real Roma 项目使用 Erlang 数据对整个城市的交通状况进行分析，分析得出了通话密度，OD 分析交通行人分布，交通压力分析等城市体征数据。

2007 年之后，物联网技术的发展带来了高精度的数据采集方式和传统海量数据的结合分析。对海量数据存储分析技术的发展，为超大规模的数据分析提供了技术支持。对整个交通状态建模并进行整体的空间分析的研究工作也悄然兴起。

2007 年，以色列大学 Hillel 基于手机信令数据对一条 14 公里长的高速公路交通状态进行了分析，研究证明，基于手机信令数据分析得到的交通状态与基于地感线圈测量监测得到的交通状态变化趋势基本一致，与浮动车测量得到的交通流变化趋势也基本一致。

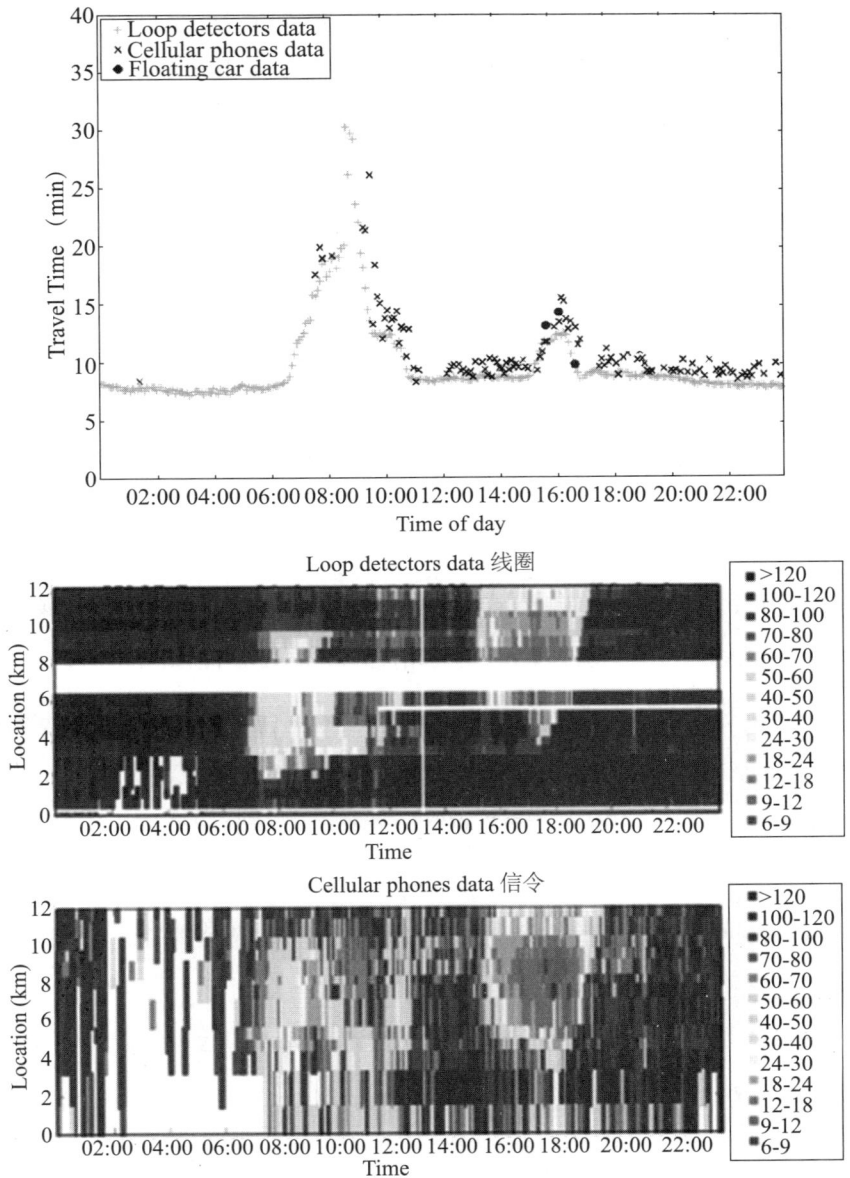

图 27 以色列关于基于手机信令数据的交通流分析

2014年，比利时的学者基于手机信令数据对葡萄牙及法国人口在2014年7—8月期间的迁徙进行了分析，发现大城市中的人口在这两个月期间在减少，而海边度假区域的人口在增加。并且，实验的结果与遥感数据进行了比对，证明了分析的正确性。

2005年，瑞典学者基于手机信令数据分析了2010年海地霍乱爆发期间的人口移动规律，分析结果验证海地居民迁徙与疾病传播扩散速度以及地区的关系，证明可以利用手机信令预测疾病蔓延趋势。

3. 案例

随着大数据计算分析能力的增强，全世界基于手机信令数据资源的大规模挖掘应用开始启动。在交通状况监测方面，首先是政府围绕交通管理需求积极探索基于手机信令数据应用；其次，电信运营商针对已有的信令数据进行整合打包和产品开发；此外，很多商业公司开始聚合电信运营商的手机信令数据开展交通相关应用的挖掘。

在政府对交通状况监测的应用方面，美国密苏里州政府2005年就开始使用行驶中司机的手机收集路面信息，根据手机传输的数据即可确定手机移动的快慢，确定移动状况后及时向司机发出堵车警报，并且自动更新电子线路图和交通网站信息，同时将反映路况的文本信息发送到用户手机和汽车仪表板上。密苏里州交通局用大量用户的手机信令数据监测路面交通，即利用手机运动反映整个州5500英里主要道路的实时交通状况。密苏里州的项目是在整个州追踪手机，包括交通比较通畅的农村地区，从而向其他司机提供清晰的交通信息。

在电信运营商的产品开发应用案例方面,法国最大的运营商 Orange Business Services 承建了一个法国高速公路数据监测项目。该项目每天都会产生 500 万条记录,对这些记录进行分析就能为行驶于高速公路上的车辆提供准确及时的路况运行信息,有效提高了道路通畅率。西班牙电信 Telefonica 于 2012 年 10 月成立了动态洞察部门 Dynamic Insights 开展大数据业务,为客户提供数据分析打包服务。Dynamic Insights 与市场研究机构 Gfk 进行合作,2014 年在英国、巴西推出了首款产品,名为智慧足迹(Smart Steps)。该产品基于手机信令数据对某个时段、某个地点交通流量数据的关键影响因素进行分析,面向政企客户提供。

美国 AirSage 公司及 Streetlight Data 公司是典型的信令数据资源运营公司。其中,美国 AirSage 公司享有三大美国移动运营商独家实时收集、匿名化、加密和分析手机信令数据的权力,每天都要处理 150 亿个位置数据。到目前为止,AirSage 的产品可以将实时的手机信号转化为有意义的位置、移动和交通数据,AirSage 主要基于这些数据做了一些改善交通规划和交通报告的应用。2009 年,AirSage 公司推出的交通服务产品 WiSET 同 Google Maps 进行集成,从而为 Google 在 20 多个市场领域提供交通运行状态信息。Streetlight Data 公司通过购买了手机信令数据,为政府开展美国住户人口普查及区域交通调研,这对分析交通行为和经济发展的关系很有意义,邻近地区经济布局、城市规划、交通规划等都从地区人员流动的数据中得到支撑。在公路运行监测方面,Streetlight 的一个案例是完成了圣迭戈南部海湾高速公路的路网运行监测调研。圣迭戈政府为了分流另一条高速公路来缓解拥堵，收购了与之相邻的高速公路。一年后，圣迭戈政府需要证明其投资购买的公路起到了缓解拥堵的效果，Streetlight 提供了前后对比方案，分析了两条路在收费前后几个月的相关数据。Streetlight 方案明确地指出了司机行为的改变以及它在地域上（例如北方和南方的出行的对比）和时间上（例如工作日通勤时间和周末活动的对比）的变化，证明了政府决策的有效性。

4. 国内路网监测发展现状

"十二五"以来，各级交通运输主管部门、公路管理机构和高速公路经营单位，按照《"十二五"公路养护管理发展纲要》《全国公路网管理与应急处置平台建设指导意见》《公路网运行监测与服务暂行技术要求》以及《公路交通气象观测站网建设技术要求》等文件要求，全面开展干线公路网运行监测体系建设，提升对公路网基础设施安全、交通运行状态及气象环境的实时监测能力，着力提升公路出行服务水平。

截至 2013 年年底，全国干线公路网运行监测系统主要包括突发事件信息人工报送系统和路网运行信息自动化采集系统。其中，基于 WEB 填报的突发事件信息人工报送系统基本 100% 覆盖全国高速公路、普通国省干线公路的各路段养管单位，以及部、省两级路网管理部门，成为各级公路部门掌握路网实时运行情况和突发事件进展处置情况的重要手段，同时也是出行信息服务系统的重要数据源。其中，交通运输部"路况信息报送系统"已形成覆盖全国 50 万干线公路网的实时阻断信息报送业务。

根据各地上报的不完全数据统计，我国高速公路交通流量监测设施总规模达近1万套，平均布设密度为25~30公里/套；视频监测设施（路段和桥梁）总规模达近2.5万套，平均布设密度为8~10公里/套；气象监测设施总规模达近1500套，平均布设密度为80~100公里/套。普通国省干线公路交通流量监测设施总规模约4000套，平均布设密度约为200公里/套，视频监测设施（路段和桥梁）总规模约2500套，平均布设密度约340公里/套，气象监测设施总规模不足100套。此外，高速公路收费广场、特大桥梁、长大隧道内基本覆盖交通流量和视频图像监测设施。

总体看，近两年我国干线公路网运行监测设施在建设规模与质量上有明显进步，高速公路运行信息自动化采集系统建设要明显优于普通国省干线公路，但总体规模偏小、地区分布不均、质量差距大是主要问题。其中，高速公路"可视化"监测问题基本得到解决，河南、山东、上海、江苏、广东等省（市）高速公路"可视化"监测问题基本得到解决，河南、山东、上海、江苏、广东等省（市）高速公路基本实现全程视频监控。路网运行信息的量化"可测"问题仍然较为突出，交通流量及气象监测设施总体规模偏小，能够实时采集的交通流参数（包括交通量、占有率、速度等）、气象参数等信息的样本量不足、质量一般，加之人工系统报送为主的突发事件信息的时效性、准确性不高，导致现有的路网运行监测系统还不具备全面、实时、准确感知与评估路网（区域）交通运行状态，以及分析、预测、研判路网运行趋势与预警突发事件的能力，也尚不能够全面满足未来路网运行集约化管理与出行信息精细化服务的发展需求。

此外，为补充路网运行监测设施不足的问题，近年来各级公路管理部门充分利用现代信息技术，引入"车联网"（GPS 浮动车）、"移动互联网"及"手机信令"等数据平台，作为路网运行监测系统的补充手段，取得了良好效果。其中，北京、广州、杭州等大中城市将出租车作为"浮动车"采集 GPS 监测数据，实时获取路网交通运行参数；上海、江苏、浙江等省（市）与电信运营商合作共同搭建路网"手机信令"采集平台，实时获取运行在高速公路上的手机定位数据，分析研判路网交通流量分布情况；而湖北省的高速公路部门将手机芯片（2G）植入通行卡（MTC 卡）中，既实现了精确计算通行费的目标，又兼顾了路网交通流量数据获取的功能。

5. BAT 典型路况信息服务产品

目前，提供路况服务的互联网产品层出不穷，BAT 推出的百度地图、高德地图（2014 年已被阿里巴巴收购）以及腾讯地图作为地图市场主要占有者都能提供路况信息服务。BAT 的路况数据主要来自 GPS 浮动车技术，与地图数据一样，来自四维图新、高德、北大千方、九州联宇等公司，其中，四维图新及高德占据了市场 90% 的份额。百度及腾讯的数据来自四维图新，高德地图使用的是自己的数据。除了浮动车数据外，BAT 还通过其巨量用户群体的优势，通过本公司的地图产品（如手机 APP 以及车载移动终端）回传用户位置信息，也是路况数据的重要来源。

但是，由于信息采集方式的局限性，目前 BAT 主要可提供的是城市内的路况信息，以及局部公路网的路况信息，而且由于在高速上信息采集样本不足够大的缘故，提供的公路路况信息也远远不如城市内路况准确。

BAT 通过整合浮动车路况信息、APP 用户位置信息及政府掌握的线圈、突发事件等路况信息以及多种交通方式出行信息等，深入挖掘分析，推出了针对不同用户群体的多种产品，比较典型的有百度迁徙、高德交通信息公共服务平台及腾讯路宝。

指导人：刘辉　执笔人：郑青松

案例3 中国现代农业与农业跨界创新

1. 背景

2017年10月18日,党的十九大报告对农业做了全面部署,把解决"三农"问题的主阵地落到了农村。

由此可见,国家对现代农业农村农民相关问题的高度重视,需要建立现代农业的观念,需要对传统的农业概念赋予新的内涵,甚至重新定义农业。传统意义上对农业的基本界定是:农业是指国民经济中一个重要产业部门,是以土地资源为生产对象的部门,它是通过培育动植物产品从而生产食品及工业原料的产业。人们常说:民以食为天,中国长期以来是"以粮为纲"。如果仅有这样的属性,它的发展空间确实是有限的。观察表3,2000年到2016年我们国家的粮食产量,以及粮食进口量,可以看到一个很奇怪的现象——粮食基数在增加,但是我们进口的比重也在逐渐增加。到2015年我们的粮食产量达到顶峰,即62144万吨,进口占了20%,五分之一为进口。由此得到的结论是:越丰收越要进口。

表3 国内粮食产量与同期进口粮食数量对照表

项目 年份	粮食进口			国内 粮食产量 （万吨）	进口粮食 占比 （%）
	数量 （万吨）	金额 （亿美元）	单价 （美元/吨）		
2000年	1357	48	350.77	46251	2.93
2001年	1738	50	286.54	45262	3.84
2002年	1417	52	369.8	45711	3.1
2003年	2283	60	261.06	43070	5.3
2004年	2998	92	305.2	46947	6.39
2005年	3286	94	285.76	48402	6.79
2006年	3186	100	313.56	49800	6.4
2007年	3238	128	394.69	50150	6.46
2008年	4131	231	559.19	52871	7.81
2009年	5223	207	396.52	53082	9.84
2010年	6695	281	419.57	54648	12.25
2011年	6390	337	526.76	57121	11.19
2012年	8025	421	525.11	58957	13.61
2013年	8645	456	527.47	60194	14.36
2014年	10042	490	487.95	60710	16.54
2015年	12477	467	374.6	62144	20.08
2016年	11468	415	361.88	61624	18.61

续表

项目 年份	粮食				农产品		
	进口 (万吨)	产量 (万吨)	比重 (%)	进口额 (亿美元)	出口 (亿美元)	进口 (亿美元)	逆差 (亿美元)
2008 年	4131	52871	7.81	231	401.9	583.2	181.3
2009 年	5223	53082	9.84	207	391.7	521.7	130.0
2010 年	6695	54648	12.25	281	488.7	719.0	230.3
2011 年	6390	57121	11.19	337	601.1	938.9	337.8
2012 年	8025	58957	13.61	421	625.9	1115.0	489.1
2013 年	8645	60194	14.36	456	671.0	1179.9	568.9
2014 年	10042	60710	16.54	490	713.4	1214.8	481.4
2015 年	12477	62144	20.08	467	701.8	1159.4	457.6
2016 年	11468	61624	18.61	415	726.1	1106.5	480.5

以粮为纲实际上把我们的农业有可能带到了另外一个困境。因为在我们国家实施的是家庭联产承包责任制，而以家庭为单位就是一个势单力薄的小农，只能跟踪而没有办法去做很多市场分析，大的政策环境又是以粮为纲，因此我们的温饱往往是讲产量。为此，大量地使用农药和化肥，结果就是产量高而品质低，品质差而价格低，价格低而效益差的问题，进入了这样一个恶性循环。导致生产者和消费者之间互相不信任并出现一系列问题。如图28所示。

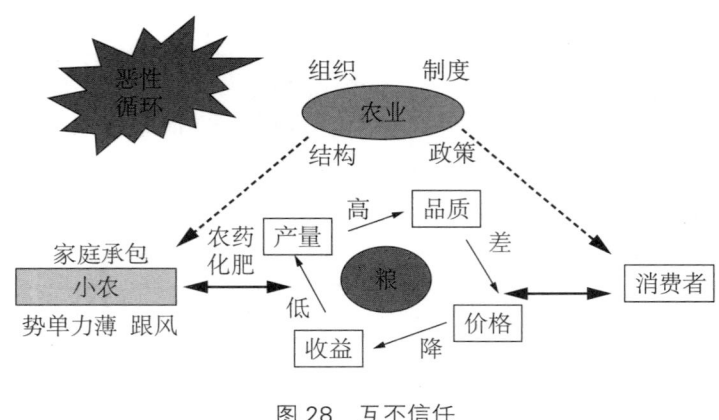

图 28　互不信任

而现代农业是指应用现代科学技术、现代工业提供的生产资料和科学管理方法的社会化农业。在按农业生产力的性质和状况划分的农业发展史上，是最新发展阶段的农业。与传统农业以自给自足为主的取向和相对封闭的环境不同，现代农业的大部分经济活动被纳入市场交易之中，农产品的商品率很高，生产主要是为了满足市场的需求，具有高度的规模化、产业化和市场化，传统农业的边界正在模糊，现在的农业不再是小农业而是大农业。

2. 研究目的

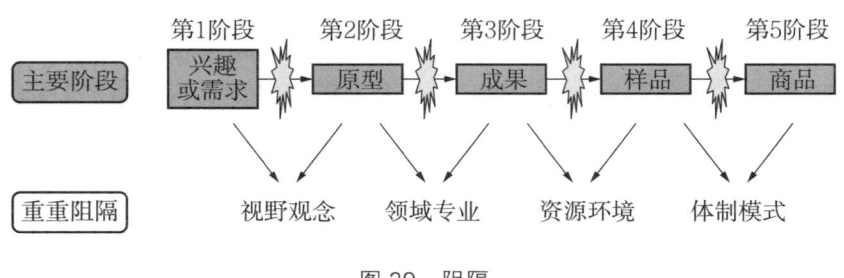

图 29　阻隔

如图 29 所示，如果把整个创新划分成五个主要阶段，每一个阶段都有其主要活动。在第一个阶段是兴趣或者需求阶段（偏好为主，主要集中在个体），它主要是意念引发的创新思维，从而引发创新的原型，到初步成果（主要是指理论方面的成果，包括论文和专利），形成样品（初步应用），再到最后一个阶段是市场化商品阶段（价值体，社会化的产物）。每一个活动的产物，每一个阶段的活动产物也不同。这是我们对创新做了五个方面的划分。要想完成整个创新链的五个主要阶段，需要跨越各个阶段之间的重重阻隔，如视野观念的界限、领域专业的界限、资源环境的界限、体制模式的界限。

本案例重点探讨的是跨界创新最难的点——思维观念的创新，如何跨越上述从第一阶段需求到第二阶段原型之间的视野观念上的界限。中国传统农业最大的问题是以粮为纲，长期以来从国家政策到地方政府引导都是以解决温饱问题为首要任务。但正如十九大报告中所述："中国特色社会主义进入新时代，我国社会主要矛盾已经转化为人民日益增长的美好生活需要和不平衡不充分的发展之间的矛盾。我国稳定解决了十几亿人的温饱问题，总体上实现小康，不久将全面建成小康社会，人民美好生活需要日益广泛，不仅对物质文化生活提出了更高要求，而且在民主、法治、公平、正义、安全、环境等方面的要求日益增长。"我国农业必须面对从解决温饱问题——不仅要"吃得饱"，转向满足人民日益增长的美好生活需要的方向大力发展现代农业——还要"吃得好""环境好"……

因此，各地不同规模的试验性的农业跨界创新成果如雨后春笋般应运而生，农业旅游化产品结合农业与不同行业和领域的跨界合作和应用带来了很多可喜的成功案例,如何因地制宜,挖掘地方优势潜力,打造地方特色农业经济,这些都是需要相关主管部门与时俱进地深入思考的。这些成功的现代农业跨界创新案例将给我们农业相关主管部门和地方政府主管部门同志带来很多现实的借鉴意义。

3. 现代农业与农业跨界创新

相对于传统农业,现代农业正在向观赏、休闲、美化等方向扩延,假日农业、休闲农业、观光农业、旅游农业等新型农业"旅游化"形态也迅速发展成为与产品生产农业并驾齐驱的重要产业。传统农业的主要功能主要是农产品的供给,更偏重于解决温饱问题的粮食,即农产品的生产。而现代农业的主要功能除了农产品供给以外,还具有生活休闲、生态保护、旅游度假、文明传承、教育等功能,满足人们的精神需求,成为人们的精神家园。

目前,农业与旅游业的跨界合作——农业"旅游化"已经发展到第三代产品,具体分述如下。

3.1 农业"旅游化"第一代产品——农家乐

作为旅游市场的有益补充,城市近郊的"农家乐"旅游农业,是一种以农业和农村为载体的新型生态旅游业,依托于大景区或者大城市周边所形成的一种旅游市场的填补或者旅游市场空白的填补。农家乐是第一代产品,然后随着人们旅游市场的兴起再到现在人们出行方式的改变,汽车大量普及之后,人们旅游方式的改变从过去的参团游到现在以家庭出游为主。因此，农民利用当地有利的自然条件开辟"农家乐"活动场所，提供设施，招揽家庭出行的自驾游游客，以增加收入。旅游活动内容除了游览风景外，还有观赏花卉、林间狩猎、水面垂钓、采摘果实等农事活动。

第一代产品中比较有代表性的是"油菜花"周边游，近年来有些地区大面积种植油菜，目的不是为了传统的获取油菜籽榨油，而是为了吸引游客、提升旅游收入，油菜的旅游价值远远大于油菜籽榨油的收入。因此，很多科研课题由原来的高出油率油菜品种，转变为现在的延长花期、增强观赏性的油菜品种。与之类似的农家乐旅游还有其他赏花节、赏果节、乡村旅游等。

江西是油菜花大省，江西最美丽的油菜花在"江岭"和"篁岭"，走进婺源江岭和篁岭，处处是层层金黄的梯田油菜花，与白墙黛瓦的民居相辉映，构成一幅幅唯美的天然画卷。江西婺源篁岭被誉为"全球十大最美梯田"之一。婺源最美的季节是油菜花开放的时候，油菜花成为吸引观光的最佳绿色资源，为当地农民带来可观收入。

此外，江苏兴化油菜花，位于兴化市缸顾乡东旺村，以千岛样式形成的垛田景观享誉全国。每当清明前后，油菜花开，蓝天、碧水、"金岛"织就了"河有万湾多碧水，田无一垛不黄花"的奇丽画卷。中国·兴化千岛菜花旅游节，缸顾、李中、沙沟等地，连绵不断的菜花，吸引全国各地近20万名游客前来观光旅游，一向僻静的兴化西北片车流如织，人来人往，惊叹声、赞美声不绝于耳。三月初到四月中进入最佳观赏期，每天门票收入超过百万元，几千亩地的景观仅仅这一季油菜花节每年收入十几亿元。

3.2 农业"旅游化"第二代产品——农业示范园区

与第一代农家乐相比,第二代农业示范园区有着更加丰富的内容,形式多样,规模更大,经营更加规范,也因此经济效益更好。已经成功举办过五届的"北京农业嘉年华"活动就是农业"旅游化"第二代产品中比较有代表性的活动:

北京农业嘉年华到 2017 年已经成功举办了五届,第一届举办的初衷是充分利用第七届草莓大会遗留下来的设备设施——草莓博览园,占地面积 1000 亩,2012 年在此成功举办了第七届世界草莓大会,当时北京市相关部门邀请农科院等专家做了一个头脑风暴,与会专家们提出要把大会的会址遗产如何高效地运用起来,于是共同策划了北京农业嘉年华项目。2013 年起,每年 3—5 月利用现有场馆成功举办北京农业嘉年华,当时还是以草莓为主。

第二届北京农业嘉年华进入传统的农业文化,例如寿光的蔬菜节的形成,类似农业大集。第二届和第三届内容相差不大,第一届没有老百姓的认知,也是一个市场培育的过程,游客是六十几万,第二届涨到了八十几万,到第三届客流量跌回了六十几万。为此,主办方考虑在第四届注入一些新的元素——太空农业、农业高科技等,同时融入一些现代都市人的旅游需求——饮食和娱乐等元素,第四届的游客达到 108 万,2017 年第五届北京农业嘉年华的游客达到 138 万。

由此可见,农业的旅游化也要不断地创新,要符合游客的需求变化——农业跟旅游业的结合和服务业的结合,要符合供给侧结构性改革的要求。老百姓需要的我给他提供了,市场需求量自然就会上升。老百姓不需要的或者看够了的东西,我们再给他们提供,自然市场需求就会有可能下降。

3.3 农业"旅游化"第三代产品——农业综合体

（1）第二代向第三代过渡的产品——中粮智慧农场

"中粮智慧农场"是中粮集团携手中国农业科学院和中环易达公司共同打造的中国首个世界级都市农场，位于"中粮农业生态谷"的核心区域，目标是将其建设成为我国新型城镇化建设与现代农业产业结合的示范样板。

中粮智慧农场地处北京市房山区南部琉璃河镇，作为"中国北京农业生态谷"项目的重要组成部分，总面积1892亩，一期面积达1178亩，由"一心六园"七大核心区域组成，包括智慧农业中心和花田漫步、牧场悠歌、乡野记忆、田园拾萃、林间采薇、伊甸寻芳六个不同主题园区。

中粮智慧农场超越了第二代悠闲农业旅游产品，是第二代向第三代跨越的过渡产品。中间1892亩的农场是农田性质，不能改变土地性质，外面是一个产业地产——原来琉璃河镇的村庄以前规划好的棚户区改造还是村庄整治项目，再外面是一个美丽小镇。因此，它既有第二代的旅游属性，又有第三代要为产业服务、为生活服务的属性。所以农科院当时投标承接这个项目的时候，就考虑要跨界创新——构建一个社区农场的概念：它的社区农场既要满足社区的绿色景观的需要，同时又让农业有效地渗透到社区的各个场景里，类似城市农业的概念——让农业走进我们的屋顶、阳台、庭院甚至是商场、写字楼、学校、医院等。

该智慧农场以农业科技为特色,以农业科技的高精尖和农业悠闲的高品位为目标,致力于打造集引领示范、创新研发、推广转化功能于一体的、世界领先的、有商业模式的、可复制的现代都市农业示范中心,以满足大众对于这类休闲旅游日益增长的美好需求。中粮智慧农场通过打造农业创业平台、惠农利农平台、销售推广平台、交流研发平台,实现"全产业链""全服务链"的覆盖,打造从田间到餐桌的一站式生态链条。同时项目结合"京津冀一体化""新型城镇化"战略,拉动当地农业发展、引领现代都市农业、探索中国现代农业出路,为中国现代农业的健康可持续发展提供解决方案,为我国新型城镇化建设与现代农业产业相结合提供一个有益的探索和示范样本。

(2)第三代休闲农业旅游产品——黄河三角洲农业高新技术产业示范区展示孵化项目

黄河三角洲国家农业高新技术产业示范区位于东营市近郊,是继杨凌农业高新技术产业示范区之后全国第二个国家级农高区。由农业科学院中环易达公司策划实施的现代农业孵化展示区作为黄三角国家农高区的重点建设项目,分为一期、二期工程,目前一期工程已经竣工。项目建筑面积约7万平方米,可进行叶菜、果菜、花卉、食药用菌等工厂化生产。该项目是从第二代向第三代跨越的一个示范型标杆,整个项目的策划是本着悠闲农业不能改变土地性质的原则,把国家提出的一、二、三产业融合发展的概念充分融入其中,尽可能把农业的产业链做长。

第一,该项目是以设施园艺为主的一个园区,所处的位置基底全部是盐碱地，因此盐碱地的综合治理和高效利用是面临的主要课题，为了节约用水，通过设施农业的技术对盐碱地加以利用，设施园艺工厂全部采用无土栽培，这样做可以跟土地没有直接的关系。另外，还采用了一些全自动化栽培，一些新品种的种植展示，还有一些新装备的应用示范等，并承担了培训现代化劳动力的工作。

第二，园区建设垂直农业综合体，把会展会议和设施农业的研发集成于一体，这也是农业旅游化的一方面。例如，美国的拉斯维加斯就是以会展业为主，会展业拉到行业里也属于服务业的范畴。此外，该项目还针对中国的农业搭建了一个国际性开放性的研究平台——把国际顶尖公司引过来，通过项目合作在这里建立一个国际化的开放式研究院，这个研究平台研究出的成果通过举办行业峰会或者举办农业推介会，从小区域开始做起，向农民、向需求方展示新装备，把我们现代的农业科技成果进行转化，以期在农业科技转化里达到以项目带动产业、以园区带动地区的思路。

第三，结合外部空间改造，建设温室，为游客搭建能够体验到现代农业高科技的展示空间。例如，机器人采摘，自动化蔬菜包装物流体系等，寓教于玩、寓教于乐。

该项目利用现代工厂化农业打造农业新高度，项目定位为具有国际先进的品种、智能装备、技术和生产管理模式，进行从种子到产品全产业链健康种养模式过程的展示示范，是新一代设施农业标准体系的试验基地，新一代设施农业装备、技术、人才和服务的输出平台，承载着解决我国设施农业效益低下、装备技术落后，提升行业竞争力和产品质量效益，支撑引领我国设施农业迭代升级发展的光荣使命。

项目全部建成后,将重新诠释现代农业定义和国家梦寐以求的现代农业新标准,集中体现在九大现代化水平,即设施装备应用集成化、水肥循环利用高效化、采收包装流程自动化、生产管理精准化、能源利用清洁化、流通管理信息化、作物生长环境最优化、人力资源管理系统化、消费环节可溯化。

黄三角国家农高区现代农业孵化展示区项目受到山东省、科技部、东营市等各级政府高度关注并给予了高度肯定。山东省省长郭树清高度赞扬黄三角农高区展示孵化区项目,认为这个项目是省委省政府落实习近平总书记指示精神的重要举措,为全省农业现代化发展起到引领示范作用,为全省农业人才引进战略和体制机制创新做出样板。

4. 启发

农业以粮为纲,这是我们国家长期以来的农"纲"。关于农业的认识,我们应当有所变革,有所革新。第一,我们应当重视食品而不仅仅是粮食。人民生活已经步入小康时代,不仅要求吃饱,更要吃好。第二,农业不应当仅仅"以粮为纲"。我们整个农业里的各个方面都把目光瞄准粮食,对于农业的多种经营,特色与优势农产品,农业的全球竞争力和占领全球的市场,政策设计、科技支撑等重大战略缺乏足够的关注和研究,结果是持续关注保护粮食安全,年年种玉米、种水稻、种小麦,中央每年补贴数千个亿,结构失衡导致农民、消费者、产业难以可持续发展。第三，农业与旅游业的跨界合作——农业"旅游化"已经取得很多可喜成果，各个阶段的"示范工程"也取得了很多宝贵经验，各地如何因地制宜将这些成果加以利用，是值得各级农业主管部门和地方政府认真思考的。

指导人：刘辉　执笔人：朱明

案例 4 钱学森空间技术实验室的科研特区

1. 背景

创新是引领发展的第一动力,是建设现代化经济体系的战略支撑。党的十九大报告中多次提到科技、并强调创新。到 2035 年,我国跻身创新型国家前列的目标将激励全社会积极实施创新驱动发展战略,擦亮中国创造、中国智造的闪亮名片。而大力推进建设创新型国家,创新与科研环境是制约自主创新能力提升的关键瓶颈因素,营造有利于源头创新的科研环境以提升研究绩效,激励长期奋战在一线的科研工作者,成为世界各国基础研究发展战略的核心。

但是,为什么在当前不遗余力推进创新的情况下我国自主创新力仍未达到预期效果?因为在创新实现的每一个环节之间都可能存在阻隔,一旦出现了阻隔,实现自主创新的行动链条无法传递,我国创新研究的步子则会处于停滞或者缓慢发展状态。在当今互联网大数据等多手段多平台的时代下,单纯地提倡"创新思维"已经不能满足在复杂且多维的环境下解决问题的需求。"跨界创新"应对当今纷繁的环境,成为我国当前推动创新的迫切思维模式。本案例以钱学森空间技术实验室为例，深入剖析跨界创新思维是如何构造中国自主研发伊甸园的，揭示创新与创新环境培育的方式，进一步探讨创新特区的管理体制与进一步发展的制约及不同阶段的创新风险等问题，案例经验可推广至各研究院所及新兴研究特区。

2. 钱学森空间技术实验室

2.1 "三位一体"业务跨界创新体系

2011年12月背靠中国航天，立足改革探索前沿的钱学森空间技术实验室成立了（简称钱室），是中国航天科技集团公司的专职创新"特区"。钱室充分结合"创意中心、研究中心、孵化中心"的业务定位，践行"空间体系发展战略研究、系统项目研究、空间技术应用基础研究"三位一体的创新业务发展体系，牢牢抓住深化改革、创新驱动发展的时代机遇，"任务为经，学科为纬""先问新不新，再问成不成""自主研究为主，组织研究为辅"的创新理念，致力于发展成为具有世界影响力的空间技术实验室。与传统单一的实验室研究不同的是，钱室积极探索创新过程自我驱动、自我管理机制，营造快速创新、自由创新的研究氛围，推行责权利统一的课题负责人管理模式，实现经费自行管控、进度自主掌握、问题内部研讨机制，极大激发研究人员的创新激情，培育创新想法快速成长。开展原始创新，实现我国航天技术从"跟跑""并跑"发展至"领跑"；面向应用，开展技术创新，提升未来空间技术新的核心竞争力。

2.2 研究领域跨界——人才交叉融合

钱室基于未来空间体系发展、在轨服务与维护、脉冲星导航、太空发电站和深空探测等方向开展科学研究，建立了信息获取与处理技术、微纳光电技术、材料与机械技术、能量转换技术、量子技术、航天群智能等专业技术，开展应用基础研究。研究领域的跨界注定推动钱室成为中国首屈一指的研究室，乃至成为世界一流的研发实验室，同时实验室为空间发展提供战略方向建议，输出原创性系统创意，引领未来前沿技术进步。研究领域涵盖基础性学科和前沿技术方向，通过多学科人才交叉融合，碰撞创意和思想，共同进行创新研究。而研究领域的交叉注定钱室引入世界一流且具有活力的研究人员，目前固定岗位科研人员 136 位，其中博士 93 位，占比 68%；具有哈佛、剑桥等海外研究经历人员 38 位，占比 28%，另有协同创新科研人员 93 人，是一支年轻而有活力的队伍。

2.3 管理模式复合多维——跨界引领创新团队

良好的制度设计是取得成功的根本保障，在五院的全力支持下，实验室充分借鉴国际一流创新机构的成功经验，通过四项基础性制度，全面保障各项创新活动的开展：PI 制（principal Investigator），回归研究本质，激发个人潜能；合弄制（Holacracy）围绕共同目标，自发组建团队，激发创新活力；人才评价机制，坚持以人才为本的选拔与评估机制；开放性平台，提升科技竞争力和国际影响力。尤其是 PI 制和合弄制是实验室活力之源，而人才评价机制和选拔与评估机制则保障和建立起以技术岗位为主的职业发展通道，营造"天高任鸟飞

", 海阔凭鱼跃"的发展空间, 让真正有志于创新的青年人才能够心无旁骛、快速成长。

PI 最早出现在欧美科研项目申请中, 是对所负责的项目有主导权和指导权的个体。值得注意的是, 无论是美国国家自然基金委还是美国国立研究院, 在对 PI 的定义中, 并未提及申请人是否为教授、副教授还是助理教授。只要申请人获得了项目资助, 就可以认定为该项目的 PI。即以 PI 为核心进行人力资源配置、以项目经费成本核算为核心进行财力资源配置及以实现科研资源共享为核心进行物力资源配置。钱室探索研究型创新人才引进模式, 构建以 PI 为技术团队核心的队伍组织模式, 实行聘期同行学术评议的考核制度。近三年来, 钱室引进具有独立科研能力的 PI 共 28 人, 聚焦未来需求和关键科学技术问题, 开拓红外隐身材料、智能软材料、多维信息探测、全光芯片、空间智能等十余个战略前沿技术方向, 围绕 PI 新建了微纳光电、功能材料等先进实验平台。

合弄制思想起源于 Arthur Koestler 在 1967 年出版的 *The Ghost in the Machine* 一书, 书中认为自然界的东西大多是由"合弄结构"层层嵌套组成的, 比如人体、器官、组织、细胞等, 每个合弄结构中有"合弄", 合弄是独立自主的个体, 但是它们又为了所在合弄结构的功用而互相协作。"合弄制"被称为是目前世界上最前沿的管理理念、最新的管理模式。Holacracy 概念 2007 年才被提出来, 2009 年开始被个别企业推广, 时至今日已成为硅谷创新型企业的一种新潮流。钱室借鉴硅谷模式, 在原有型号管理、预研管理经验基础上, 变革项目组织模式, 采用基于共同目标和兴趣的自发团队组织模式——"合弄制"

（Holacracy），用于项目团队的建设管理。"合弄制"核心思想在于"去中心化"，构建高度自我组织、自我驱动系统，由员工担任多个角色、权力分散在管理流程中。结合实验室自身定位，紧密围绕创新本质和规律，在原有型号管理、预研管理经验基础上，充分借鉴"合弄制"管理思想，践行"自主研究为主，组织研究为辅"管理理念，逐步形成有自身特色的研究团队管理模式。

实施合弄制，极大激发了全员自发合作研究兴趣，涌现出11个跨学科、跨领域自组织团队，开拓了光子集成、电磁频谱空间、人工智能等多个基础与前沿研究方向，为实验室发展提供了新的动力。

人才评价机制一方面是聘期考核制度，另一方面是同行评价机制，针对实验室所有的技术人才，在钱室只有研究员岗位系列，即消除了岗位的行政化，保障实验室技术人员的薪酬高于管理人员的岗位薪酬，立足于让所有的技术人员安心进行技术方向的发展。PI人员的首个聘期为3年，1至2个聘期后进行考核，聘期考核制度采取"非升即走"原则，同行评价采取评价专家多元化包括学术领域、工程领域和产业应用领域专家，主要以成果的原创性和应用价值为评议标准体现研究价值，钱室尊重不同领域评估标准，实现了统一量化评估。

同时，实验室注重提升科研创新成果的国际影响力。开放性、国际化是建设国际一流实验室的基本保障，是青年人才立足国际前沿开展研究工作的重要支撑。钱室鼓励"走出去"，借鉴世界一流高校学术管理理念，梳理前沿方向顶尖国际会议，目前已经制定了《实验室国际会议目录》，通过专项经费支持，鼓励创新人才参加高水平国际会议，提升国际影响力。区别于传统的一个项目对接一份合同的"接单模式",钱室与清华、浙大、北大、兰大等结成联盟,共筑"创意众筹中心",先谋划实行方案再申报科研专项,根据各自承担的课题、研究工作等分配科研经费,目前已有五个创新众筹中心。钱室还积极广泛联合,打造开放、共赢、共享的协作创新平台,与北京控制工程研究所成立联合实验室,与航天东方红卫星有限公司成立联合研发中心,发挥航天工程背景优势,打通应用基础研究到工程实现链路;与西安电子科技大学、浙江大学、深圳大学、大连理工、301医院等多家高校和单位成立协同创新中心和联合实验室,还建设了空间天文国际研究中心等国际合作平台,结合高校、科研院所人才和学科优势,汇聚创新人才、思想和成果;现已成立了段宝岩院士工作室、郑平院士工作室、地外生存物理化学过程院士工作室三个院士工作室,充分发挥院士在战略引领、学术引领和人才培养等方面的作用。

在此科研制度和创新环境之下,实验室完成了部分原创性工作,而实验室在前沿技术开展唯一的两个判断方法是填补国内空白和技术指标必须达到国际先进水平。实验室的前沿研究目前包括脉冲性导航(脉冲性导航卫星),空间数据处理包括在轨的数据和处理,如激光的重力场的测量等。实验室在飞秒激光和单频固态激光的研究水平上已经达到国际最前沿,基于这两个最前沿,实验室正在构建一个新的基于重激光技术重力场测量的卫星系统,同时也涉及一些基于医疗上的飞秒激光。在开拓领域,钱室正开展一个地外生存的系统谋划,主要基于地外有人居住环境下的能量制备,即人工光合包括温差梯度发电来开展研究工作。实验室目前有150余项基金项目支持,包括科技部的自然科学基金,在信息获取处理的研究方向,开展如人工智能和数据科学方面研究，2016 年航天科技集团进入 nature 学术研究百强，排名第 86 位，而仅钱室 130 多个技术研究人员，贡献率达 26%。

3. 思考

科研特区的建立满足了科学家和科研工作者对献身国家科技和专研科学领域的使命追求。钱室激发了基于兴趣和事业驱动性的科学家精神，给科学家更多的自由宽松的氛围，创建了良好的科研实验室以及自主创新的环境土壤。在一个科研特区中，我们可以将创新的驱动归结为四个方面：一是基于重大需求的项目选题，二是基于目标导向单独为成果考核，三是鼓励应用，四是基于"异想天开"的点子。钱室的成功在于知识学科之间的跨界交融，管理制度的多维度跨界应用，给科研特区创造了源源不断的研发新动力。在此之上，钱室遵循"走出去，引进来"的方针，面向国际，建立"钱学森讲坛""联合众筹"等开放性平台，广泛邀请国际一流科研机构、世界知名专家与实验室展开学术交流和国际合作。

指导人：刘辉　执笔人：黄烨

案例 5　惯容器的跨界创新及其应用

1. 背景

根据机电相似性原理的启发，20 世纪 20 年代提出了第一类机电相似理论，并由此引出"机械阻抗"的概念；第二类机电相似理论，是在 1938 年由 Firestone F. A 提出的，并由此引出"机械导纳"的概念。由于第二类机电相似理论比第一类更直观、使用更便捷，现在工程界所采用的主要是第二类机电相似理论。

剑桥大学学者 Smith 一直从事悬挂系统和 R（电阻）—L（电感）—C（电容）电路网络之间的相似性研究，他将悬挂系统解释为一个电路，在电路中存在电阻、电感和电容三种基本元件，在悬挂系统中等同于电阻的为阻尼，电感就是弹簧，却一直找不到电容的相似元件，于是便开始有了惯容器的初步概念。

2002 年，Smith 发明了一种机械装置，该装置具有两个独立自由的端点，其中一个端点可相对于另一个端点运动，两个端点之间力的大小与两个端点的相对加速度成正比，这个比例系数可以为常数也可以改变。这个机械装置，Smith 给它起了个名字叫 Inerter，国内学者将其称为惯容器。

2004年，Smith首次将惯容器应用于车辆悬挂系统，构建了几种简单的被动ISD悬挂结构，每种结构至多含有一个惯容器和一个阻尼器，在此基础上分析研究了应用惯容器后悬挂的性能，结果表明，加入惯容器后，能使车辆的乘坐舒适性及行驶安全性得到改善。

惯容器经过了快速发展的一段时间后，于2005年在西班牙大奖赛莱科宁的赛车上现身，并为迈凯轮车队取得了胜利，方程式赛车应用惯容器后可以采用较硬的悬挂，从而提高抓地力，而且在高速行驶时具有更好的空气动力学表现。

2006年，台湾学者Wang Fuzheng将惯容器应用于火车悬挂，改善了火车的乘坐舒适性、系统动态性能及稳定性。

2006年，Papagorgiou和Smith将线性矩阵不等式理论应用到车辆悬挂结构优化中，结果表明与固定结构优化方法相比在某些情况下可获得更优的性能。

2007年，另一个惯容器的应用是在高性能摩托车上用作转向性能补偿。为提高摩托车在横向摆动和纵倾工况下的性能表现，将惯容器应用于摩托车转向器的设计中，用惯容器替代传统的转向减振器，研究表明加入惯容器后摩托车在横向摆动和纵倾状态下都能保持平衡，而这是单独使用转向减振器不可能实现的。

2007年，江苏大学开展了齿轮齿条惯容器在车辆悬挂中的研究，证明应用惯容器能够使悬挂的减振性能得到改善；陈龙、张孝良等借鉴电学中的级联滤波思想，根据机械系统的实际进行了改进，创建了两级串联型ISD悬挂，其性能明显优于传统"弹簧—阻尼"悬挂；陈龙、杨晓峰等，对惯容器、弹簧和阻尼任意二元件间的串联和并联结构在单自由度系统中的频响特性和振动传递动态特性进行了对比分析，提出了二元件连接的理想匹配关系，在此基础上创建了一种性能优越，结构简单的 ISD 悬挂。

2009 年，重庆大学李川、王时龙等对惯容器、弹簧和阻尼器三元件并联的车辆悬挂结构进行时域仿真，结果表明：当弹簧刚度取值较大时，无须主动力输入或半主动的检测控制回路，三元件并联的悬挂结构可以提升悬挂综合性能。

2014 年，中国北方车辆研究所杜甫、毛明按储能元件、支撑元件和耗能元件的顺序建立了基于一个惯容器的通用悬架模型，通过对比，发现有 12 种新型结构的性能优于传统悬架。

2016 年，中国北方车辆研究所王乐、毛明建立了流体惯容的动力学模型，并通过台架试验验证了模型的正确性。

2. 惯容器的创新及其应用

2.1 从机电相似性原理到惯容器（虚拟）

2.1.1 传统机电相似理论

机械系统与相应的电路系统，在简谐激励条件下的数学模型（描述它们动态特性的微分方程和传递函数）具有相似的形式，在此基础上建立起来的对应关系称为机电相似理论。通过这种理论上的对应，可以将机械系统的振动分析问题转化为相应电路系统的滤波问题。

20世纪20年代提出了第一类机电相似理论,并由此引出"机械阻抗"的概念;第二类机电相似理论,是在1938年由Firestone F. A提出的,并由此引出"机械导纳"的概念。由于第二类机电相似理论比第一类更直观、使用更便捷,现在工程界所采用的主要是第二类机电相似理论。

以通过机械元件的力和通过电学元件的电流相似,跨越机械元件的速度和跨越电学元件的电压相似为基础,而建立起来的各种对应关系,称为第二类机电相似理论。机械系统与电路系统间的对应关系,如表4所示。质量对应于电容,阻尼对应于电阻,弹簧对应于电感。并联的机械系统与并联的电路系统相对应,串联的机械系统与串联的电路系统相对应,而机械系统的阻抗,则与电路系统的导纳对应,因此这种相似对应关系又称为导纳型模拟。

这种对应关系在使用中的优点是:比较直观,机械元件的并联(或串联)与电学元件的并联(或串联)对应,机械系统中的每个"结点"与其相似电路中的每个"节点"相对应,因此,机械网络和相似的电网络完全一致。以"流变量"电流来模拟力,以"跨变量"电压(电势差)来模拟相对速度,既是一种数学上的相似,也是在系统连接机构上的直观对应,因此第二类机电相似理论使用极为广泛。

但是在这种对应关系中存在一个致命的缺陷,即质量元件和电容的对应关系是不完备的。弹簧和阻尼元件都具有两个独立、自由的端点,然而牛顿第二运动定律规定质量元件的加速度必须是以惯性参考系为基础的绝对加速度,即质量元件的一个端点是它的质心,另一个端点却是惯性参考系中的固定点,因此,质量元件只能和"接地"的电容对应。质量元件这种因一端"接地"而产生的单端点属性使"电容—电感—电阻"无源网络与"质量—弹簧—阻尼"机械系统不能严格对应,也使得长期积累的大量电学网络理论和成熟设计方法在机械结构分析与综合的应用中受到了极大的限制,制约了根据电学滤波网络设计机械减振系统的自由度和灵活度。

表4 机电相似理论

	并联机械系统	并联电路系统
相似系统		
微分方程	$f=f_m+f_c+f_k$ $=m\dfrac{\mathrm{d}v}{\mathrm{d}t}+cv+k\int v\mathrm{d}t$	$i=i_c+i_R+i_L$ $=C\dfrac{\mathrm{d}u}{\mathrm{d}t}+\dfrac{1}{R}u+\dfrac{1}{L}\int v\mathrm{d}t$
相似量	力 f	电流 i
	速度 v	电压 u
	质量 m	电容 C
	阻尼 c	电阻 $1/R$
	弹簧 k	电感 $1/L$

2.1.2 新机电相似理论

前已述及,在第二类机电相似理论中,由于质量元件只能和"接地"的电容对应,严重制约了机电相似理论在机械减振系统中的应用,然而惯容器的出现,在惯性元件和电容之间建立了完美的相似对应关系。相对于质量元件,惯容器与电容的对应不再要求其一端必须"接地",以惯容器替代质量元件的新机电相似对应关系如表 5 所示,这种新对应关系实现了"惯容—弹簧—阻尼"机械系统与"电容—电感—电阻"电子系统之间的严格对应,极大地方便了成熟电路研究方法和电学网络理论在机械减振系统中的应用。

表 5 新机电相似对应关系

机	电
弹簧 $\dfrac{\mathrm{d}f}{\mathrm{d}t}=k(v_2-v_1)$	电感器 $\dfrac{\mathrm{d}i}{\mathrm{d}t}=\dfrac{1}{L}(u_2-u_1)$
阻尼器 $f=C(v_2-v_1)$	电阻器 $i=\dfrac{1}{R}(u_2-u_1)$

续表

机	电
$f = B \dfrac{d(v_2 - v_1)}{dt}$	$i = C \dfrac{d(u_2 - u_1)}{dt}$
惯容器	电容器

不难看出，惯容器是进行悬挂结构综合与分析不可或缺的力学元件，是进行悬挂减振理论与技术创新的基础。因此，下面阐述惯容器的概念和原理，并对典型的惯容器工程样机进行理论分析和试验研究。

2.1.3 惯容器的理想模型

惯容器是一个从电学中派生出的概念，其实质是一个蓄能器，因此惯容器又被称为惯性蓄能器或惯性质量蓄能器，同弹簧和阻尼器一样具有两个独立、自由的端点。理想惯容器两个端点所受的力与其两端的相对加速度成正比，即：

$$f = B \dfrac{d(v_2 - v_1)}{dt} = B(\dot{v}_2 - \dot{v}_1)$$

上面的公式中，f 为两端点所受到的力；比例常数 B 称为惯质系数（Inertance），单位为 Kg；v_2 和 v_1 分别为两端点的绝对速度。

通过对惯容器和质量元件的对比，如表 6 所示，可知两者的动力学共性是施加的力都与加速度成正比关系，但是惯容器存在两个独立、自由的端点，质量元件则只有一个，其另一端固定在惯性坐标系中，因此，从动力学的角度，质量元件相当于一端固定的惯容器。不难看出，惯容器是一种比质量元件更一般的惯性元件。

表 6 惯容器与质量元件对比

惯容器	质量元件
f → ▭ → f，v_2，v_1	f → ▭ ▨，v_2，$v_1=0$
$f=B\dfrac{\mathrm{d}(v_2-v_1)}{\mathrm{d}t}$	$f=m\dfrac{\mathrm{d}v_2}{\mathrm{d}t}$

2.2 从虚拟惯容器到器件惯容器

惯容器的本质是利用其内部的机械传动机构，在与之相关联的两个运动物体之间提供一种产生惯性力的"虚质量"。惯容装置的原理是将物体的惯性与一个端点固结，并以此端点为参考系，将对地的绝对加速度转变为端点间的相对加速度，从而弥补质量元件单端点的缺陷。

惯容器主要由传动机构、惯性机构和端点机构组成。目前惯容器传动机构主要有齿轮齿条、滚珠丝杠、液压等形式；惯性机构主要有：飞轮旋转惯性和平动质量块；端点连接机构主要根据选用的传动机构和惯性机构具体设计。

2.3 成功与失败

由于惯容器的研究还处于学术和试验室阶段，目前应用也只局限于赛车等很小的范围，没有大规模应用，从我们了解到的情况，也没有失败的案例。

2.4 再次回到机电相似性原理（进一步的创新）

从参数到器件、从器件到系统一种新的研究思路，具体包含以下两部分：

（1）不限制各元件的数量，根据新机电相似理论，基于滤波电路的网络思路，结合惯容、弹簧、阻尼的力学特性，设计具有不同减振性能的 ISD 悬挂结构。

（2）基于整车，根据各轮不同的激励环境，结合各种 ISD 悬挂的不同减振特性，针对不同的激励选择相应的 ISD 悬挂结构，设计面向激励的 ISD 悬挂系统。

3. 案例带来的思考

为何将惯容器运用于减振应用，除了在车辆、桥梁、建筑物减振之外，是否还有新的应用，惯容器的应用目前还是局限于减振系统，与我们生活相关的主要是车辆、桥梁、建筑物等，未来也可能应用到舰艇上各种仪器和武器的减振、潜艇的减振降噪等其他领域。惯容器用于减振，有效释放目前还做不到，惯容在减振过程中的作用类似于弹簧，主要是储存能量，然后释放能量，自身不消耗能量，也不能无限制地储存能量。未来有可能使这个能量合理利用，目前有学者采用滚珠丝杠结构，将振动能量转化为电能，国外也有类似的产品，但还没有大规模推广,主要是由于车辆大部分行驶路面条件较好,振动的能量太小,加装这个装置成本花销较大,总体的性价比不高。主要表现为吸收能量,然后无效释放能量,有无可能实现有效释放能量?

指导人:刘辉 执笔人:郑青松

案例6　测绘地理信息技术的跨界创新、服务与应用

1. 背景

在数字信息化发展日新月异的今天,与测绘地理信息相关的位置信息服务,已经成为一个前景广阔、空间巨大的新兴产业,战略性新兴产业,国家战略性新兴产业。各行各业的发展、新兴产业的发展,对于测绘地理信息的依赖与需求越来越强烈,测绘地理信息产业的发展机会与空间越来越多、越来越大,测绘地理信息的身价也越来越高。

测绘地理信息事业是国民经济和社会发展的重要组成部分,是全面小康社会建设的重要基础。"十三五"时期是测绘地理信息事业全面发展的关键时期。2016年9月,国家发展改革委与国家测绘地信局联合印发实施《测绘地理信息事业"十三五"规划》(以下简称《规划》)。该《规划》明确指出,到2020年,要形成适应经济发展新常态的测绘地理信息管理体制机制和国家地理信息安全监管体系,构建新型基础测绘、地理国情监测、应急测绘、航空航天遥感测绘、全球地理信息资源开发等协同发展的公益性保障服务体系,显著提升地理

信息产业对国民经济的贡献率,使我国测绘地理信息整体实力达到国际先进水平。"十三五"时期,测绘地区信息事业要按照供给侧结构性改革的要求,扩展测绘地理信息业务领域,打造由新型基础测绘、地理国情监测、应急测绘、航空航天遥感测绘、全球地理信息资源开发"五大业务"构成的公益性保障服务体系;夯实发展基础,激发服务活力,全面提升公共服务有效供给能力、基础设施装备保障能力、地理信息产业竞争能力、创新驱动发展能力和协调融合发展能力。从完善管理体制机制、加强法规制度建设、优化生产服务组织结构、强化人才队伍支撑等方面抓好《规划》组织实施。

2. 研究目的

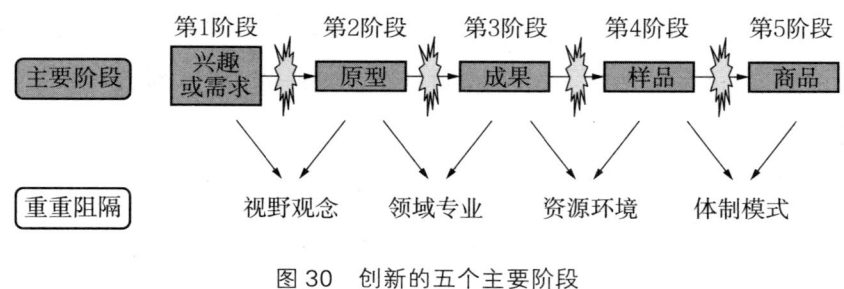

图 30 创新的五个主要阶段

如上图所示,如果把整个创新划分成五个主要阶段,每一个阶段都有其主要活动。本案例重点探讨的是如何跨越上述从第三阶段成果到第四阶段初步应用之间的资源环境的界限。通过对测绘科学院的调研,我们感受到在数字信息化时代,与测绘地理信息相关的位置信息服务和应用,有着巨大的市场前景和拓展空间,同时也有着许多的矛盾和厚重的"界"，市场推广与国家测绘信息安全相互制约，同时也要相容相生，如何找到其间的平衡点是很需要跨界创新智慧的。

3. 测绘地理信息的跨界创新、服务与应用

3.1 测绘地理信息的属性和"界"

测绘，在新中国诞生之后的近半个世纪，似乎都还是一个很小的附属性行业，服务领域也十分有限，主要是军事、工程建设、科研等，是一个相对封闭、狭小的、十分专业和普通民众很少接触到的领域。正是由于测绘成果或测绘产品主要运用于军事，加之新中国成立后长期处于极为恶劣的周边环境；同时国家的军事、国防能力与世界强敌相比，敌强我弱，防御、保护是我国国防的主要取向……因此，对于党政军、国防、国家基础设施与重要项目的位置信息（测绘成果）实施极为严格保密就成为一种基本的国策或者政策。

50多年的积淀，测绘信息保密几乎成为一种思维的基因，保密似乎被视为测绘信息的唯一属性。实际上，测绘地理信息，应当、或者可以划分三种不同的属性：公共品、市场品与机密品。总体而论，如果不是全部，应当有相当部分的测绘地理信息属于公共产品，应当无偿地提供给社会使用；对于部分可以商品化的测绘地理信息产品，则可以实施市场化原则，有偿使用；只有极少部分的测绘地理信息才属于所谓的国家机密品，并且有着不同分级的机密品。现在的情景似乎是反过来了，需要改革创新。

应当认识到，在全球化、数据化、信息化的时代，测绘地理信息

的属性已经或者正在发生着巨大的变革演化：第一，时代、社会、产业和民众对于测绘地理信息的需求急剧增加，测绘地理信息的价值凸显；第二，测绘地理信息作为国家的战略性新兴产业，公益性业态和商业性业态并存，同时，原来是极为专业化的测绘地理信息技术，现在已经成为集成化、融合化的技术，只有实施全球化和开放化，测绘地理信息的价值才能够得到释放和实现，测绘地理信息产业和技术才能获得持续快速的发展；第三，测绘地理信息，原本门槛极高，现在已经平民化，对于高科技的国家和公司，获取测绘地理信息已经不再是十分困难的事情，包括高精度地图的测绘信息成果，简单的"保"是保不住的，路面上有很多车，包括美国特斯拉等，上面已装配有高精度导航 GPS、激光雷达等，还有一种众包的方式，好多车一起跑，跑完之后丰富完整的地理信息数据就集成合成了，简单的保，实际上是在封锁自己，捆住自己手脚，蒙住自己的眼睛，甚至左脚绊右脚。

因此，对于测绘地理信息，当务之急不是去讨论是保还是放，而是应当基于时代和国家综合发展（包括主权与安全）的需要、基于测绘地理信息产业和技术的持续发展，科学地界定哪些是公共品、市场品、机密品，它们之间的"界"是什么，如何定义"安全"，谁来定义，关于测绘作为公共品的定义谁来定义，哪些需要保护，谁来保护等，从而有针对性地实施不同的政策、对策、规范或者指导意见，有序推进和创新。

3.2 测绘地理信息跨界创新的领域

3.2.1 天地图

"天地图"是国家测绘地理信息局建设的地理信息综合服务网站。它是"数字中国"的重要组成部分,是国家地理信息公共服务平台的公众版。"天地图"的目的在于促进地理信息资源共享和高效利用,提高测绘地理信息公共服务能力和水平,改进测绘地理信息成果的服务方式,更好地满足国家信息化建设的需要,为社会公众的工作和生活提供方便。2012年2月,资源三号测绘卫星为"天地图"提供了第一幅国内影像数据。2013年6月18日,"天地图"的2013版本正式上线,整体服务性能比此前版本提升4至5倍。新版"天地图"还开通了英文频道、综合信息服务频道和三维城市服务频道,并更新了手机地图。

"天地图"运行于互联网、移动通信网等公共网络,以门户网站和服务接口两种形式向公众、企业、专业部门、政府部门提供24小时不间断"一站式"地理信息服务。

国家地理信息公共服务平台包括公众版、政务版、涉密版三个版本,"天地图"就是公众版成果,是由国家测绘局主导建设的为公众、企业提供权威、可信、统一地理信息服务的大型互联网地理信息服务网站,旨在使测绘成果更好地服务大众。同时也是为了应对谷歌的挑战,通过建立"天地图"来推进地理信息平台建设,部分地理信息向公众公开的政策出台后,才有后来的百度地图或者是高德地图这么大范围的数据量。保放之间,既然是一个鸿沟,咱们就要搭建桥梁,最后出现了0.5米的影像可以上线,最关键的部分就是不表示不处理。军用设施不处理,但是不能标注,这样这个问题就解决了。

各类用户可以通过"天地图"的门户网站进行基于地理位置的信息浏览、查询、搜索、量算,以及路线规划等各类应用;也可以利用服务接口调用"天地图"的地理信息服务,并利用编程接口将"天地图"的服务资源嵌入已有的各类应用系统(网站)中,并以"天地图"的服务为支撑开展各类增值服务与应用,从而有效缓解地理信息资源开发利用中技术难度大、建设成本高、动态更新难等突出问题。

"天地图"刚刚起步,在信息丰富程度、数据更新速度、网站服务功能与性能等方面还需要进一步提高。不久的将来,"天地图"将成为网络地理信息服务的中国知名品牌。"天地图"门户网站会免费向公众提供服务,企业需要利用"天地图"的服务接口、API进行增值开发的,需要得到"天地图"的授权。

3.2.2 智能交通

自从提供"天地图"网络地理信息服务,近年来测绘地理信息应用于无人驾驶汽车、智能化汽车和智能交通,测绘工作也从测绘型发展到导航型。智能化汽车、导航,激光导航雷达,通过密集建设插分站,可以提供几十个厘米精度的定位,满足日益增长的市场需求。手机的定位是米级的,无人驾驶需要分米级别的定位。激光导航雷达可以运用于没有任何信号,GPS信号、手机信号等网络信息都缺失的情况。

百度无人驾驶车项目于2013年起步,由百度研究院主导研发,其技术核心是"百度汽车大脑",包括高精度地图、定位、感知、智能决策与控制四大模块。其中,百度自主采集和制作的高精度地图记录完整的三维道路信息,能在厘米级精度实现车辆定位。同时,百度无人驾驶车依托国际领先的交通场景物体识别技术和环境感知技术,实现高精度车辆探测识别、跟踪、距离和速度估计、路面分割、车道线检测,为自动驾驶的智能决策提供依据。

无人驾驶汽车目前面临的困难:第一就是关键部件受制于人,无论在高端的传感器还是基础的软硬件都要在海外进行采购,跟百度进行合资的汽车厂商有很多,汽车的成本不是很高,但主要是它的传感器成本很高。第二就是法律法规标准还有待完善。我们之前也聊过很多关于高精度地图的采集,还有一些政策的突破。第三点是应用环境的受限,高精度地图百度现在已经成立全国最大的高精度地图采集的团队,正在采集数据,其实这是政策的灰色地带,相关的政策法规还有待完善。

3.2.3 文化遗产保护测绘、文化遗产数字化与交互体验

文化遗产保护测绘首要目的是文物遗产的修护保护,这是最基本的服务需求,从北京帝测科技股份有限公司获悉,随着互联网的发展逐步拓展到文化遗产数字化、文化遗产展示、文化遗产监测、智慧博物馆等。

文化遗产数字化

文化遗产数字化是指以某种技术手段获取文化遗产的形体、纹理、质地、材料等数据信息,将其存入计算机当中,作为相应专业人员的研究资料。通过非接触式的数据采集及光学测量技术,可以永久

地保存文物信息，减少人为因素对文化遗产的损坏，借助于互联网，可以快速地实现资源共享，提高工作效率。

文化遗产修复设计

文物保护专家应用三维修复设计技术完成了国家文物局石质文物大足千手观音抢救性保护工程。

文化遗产展示

文化遗产展示是借助多媒体集成、数字摄影、三维扫描、3D 打印、虚拟现实 VR、增强现实 AR 等技术，在不动用文化遗产的前提下，将文化遗产向世人进行展示。

文化遗产监测

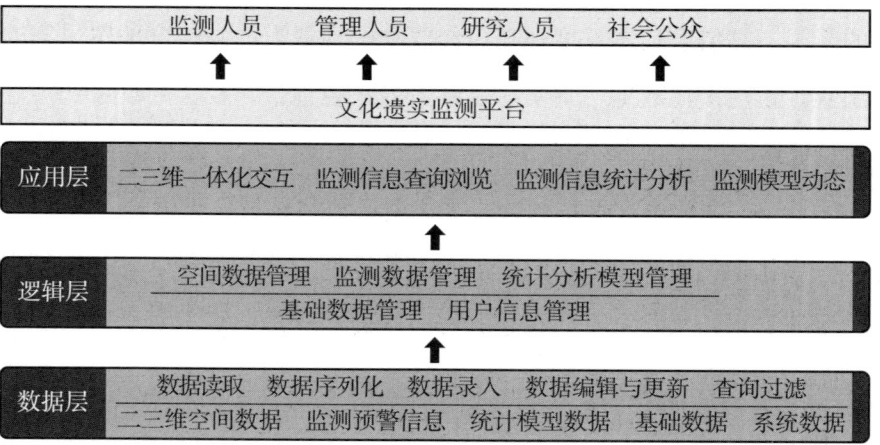

图 31　文化遗产监测

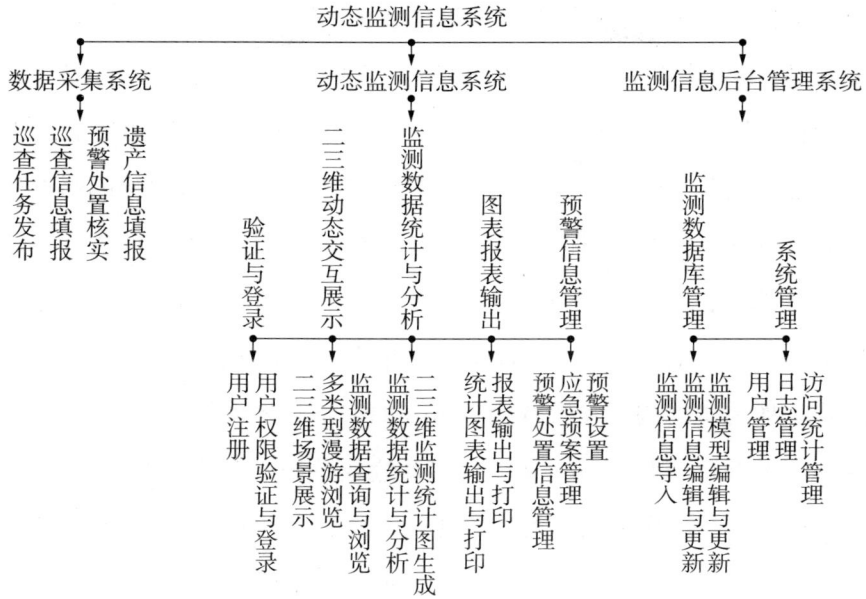

图 32 动态监测信息系统

智慧博物馆

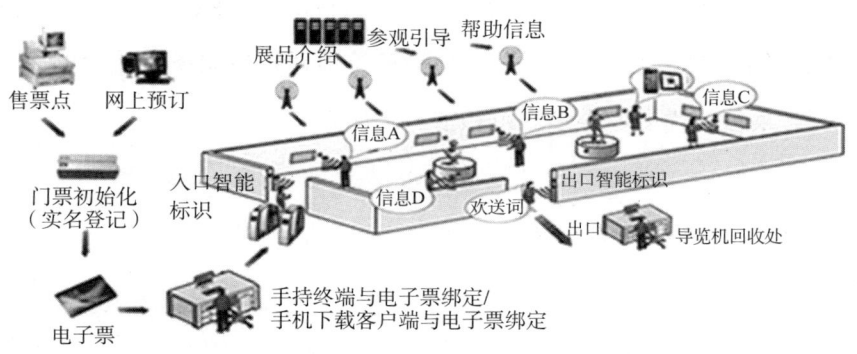

图 33 信息传递网络化

文物数字化、文物测绘的成果更多可以用于展示，地理信息是时空信息，国家博物馆一直在接洽乾隆南巡图的交互体验，实际是一种"穿越"，体验"身临其境"，例如，请画家把乾隆南巡的历史表达出来，通过地理信息、三维虚拟现实等技术，让现代人可以穿越到古代作为皇帝进行一次南巡，这是计划与博物馆合作的项目。此外，交互体验与"时空穿越"，还可以应用在旅游、教育培训等方面。以文化和历史为精髓，以空间信息为载体，将测绘与文化结合尤其与历史文化结合，加之测绘的人文和社会经济（如家谱与地理信息），实际上是将测绘地理信息和经济人文的信息从底层数据模型的角度融为一体，从模型到数据结构到软件到平台到应用整个一体化来做，具有非常好的发展前景！在现实世界中这些实际都是集成在一起的，只不过我们从技术上人为地把它们割裂开研究，现在又把它们重新聚合在一起，尽可能还原事物的本来面貌。此外，理念和创意与文化结合起来。对于文化遗产、工艺品、珍藏品，通过数字化以后，按照规则拍下照片，可以把模型构建出来，把传统过去人体的平面照片变成了三维的模型照相，后期 3D 打印，这些都是测绘地理信息服务于社会的跨界应用，后续还需要做很多规范和推广工作。

3.3 创新面临的困难

3.3.1 知识产权

如果做文化遗产数字化和传播展示，最突出的问题是这些数据的知识产权。几年前，国家文物局给各省局下发过一个文件，明确指出数字化的成果一半的知识产权属于国家文物局，一半的产权属于地方文物局，企业没有知识产权。也就是说可以去文化遗产地拍照，但测绘、商业数字化、展示是不可以的，因为没有知识产权，企业自己出资进行三维、数字化、虚拟展示，放到互联网上，也是知识产权保护问题所不允许的。在行业保护或者知识产权的保护上，实际上是限制着企业的创新和跨界的应用。基于文物的衍生数字化成果产权归文物局。

3.3.2 边界

测绘地理信息的保与放：测绘成果的保密主要的原因是测绘产品直接用到军事、国防上，咱们国家的军事能力、国防能力和世界强国相比有很大的差距，这样的差距才造成了咱们国家尤其是在测绘成果上比较严格的现状，我军一位老战士也曾提出一个三观理论：第一是不让别人知道；第二是即使对方知道了，也不告知对错，要保密不提供证据；第三是对方知道并且也证明了的，还是要保密，即便知道对方都知道得清清楚楚，仍然不会为其提供便利。

目前来看，很多外行做测绘地理信息，不懂相关法律法规，所以敢去建站，敢跨界；而一直学这个和从事这个行业的专业人员，是不会碰红线的，真正跨界创新对企业来讲不仅是技术的创新，而是知道哪些是国家的安全红线，如果这些界定不清楚，那么作为企业贸然去跨界创新，风险和成本是非常大的，创新跨界的应用可以投入几百上千万元去推广，国家的一个政策或者一个法律条文可以让这个项目付之东流，对企业很可能就是灭顶之灾。灰色地带高精度地图某些企业现在已经成立全国最大的高精度地图采集的团队，正在采集数据，其实这就是政策的灰色地带。所以进一步明确这条红线并进行适当的推广宣传工作就迫在眉睫了,否则将严重阻碍行业企业的跨界创新工作的积极性。

3.3.3 政策

目前,普遍认为,在测绘地理信息的技术领域,我国已经处于全球领先地位,但是仔细深究,发现这种所谓的全球领先,主要是指在应用创新、二次创新方面,在真正的原始创新领域仍然是落后的。为何我们的企业不能够像微软、苹果、谷歌这样的企业,从事原始创新呢?原因是这些西方企业都有一个类似的生长环境——具有可持续发展的良好预期,尤其是对于政策与体制机制的预期,如果企业有条件有实力,就一定会进行创新,包括原始创新、基础性创新,而不仅仅是进行改进、融合和应用方面的工作。与之相反,国内企业尤其是本应更具创新活力的民营企业,创新的动力和预期都明显不足,这些地地道道的测绘企业创新跨界和发展面临的挑战和问题难点不在于技术创新应用本身,而在于政策法规上。国家政策非常重要:例如封杀谷歌,百度没有了国内最大的竞争对手;支持阿里巴巴移动支付,阿里巴巴就火了;反对萨德,三星现代在中国死了,华为、中兴就更火了等。因此,中国的企业,尤其是民营企业,更多的精力是投入研究政府机构和运作政策上,如果能争取到好的政策从而受益,因此带来的收益远远大于创新的收益。另外创新活动有技术风险、市场风险和政策风险,再加上没有好的预期和过去的创新示范效应,因而动力严重缺失。

3.4 关于政策调整：修补与跨越

测绘地理信息行业涉及保密相关的政策的制定和实施需要与一定的现实环境相匹配，应服务于国家宏观的战略与总体目标，环境条件如果发生改变、国际的宏观战略与目标有所调整，那么相关政策也应或者说是必须进行相应的调整，甚至是超前的调整。目前该行业面对的困境是：当前环境和战略与目标都有所改变，但政策却没有及时做出相应调整和改变，或者说，我们这种原来适应旧环境的政策没有改变，而是对旧政策进行了修修补补，事实上只有把原来的旧政策撤掉再建立新政策，才能够实现环境—目标—战略—政策之间的战略性协调与一致。但是往往是这件旧衣服一直脱不了，用了很多新布缝到旧衣服上，这个旧衣服到最后是越穿越难看。公共政策里的加法太多，减法太少，要做减法的有很多，把该撤出去的撤出去。

国家政策上的不协调，部门利益、行业利益、地区利益如果不做调整的话，改革将难以推进。那么好的数据得不到应用，很大一个情况就是部门利益在作祟。例如，普查出来的草地和林地面积有差异，一方面客观讲在普查中肯定有误差，但另一方面，在所有的数据中，普查的数据最客观、最准确。为何没有得到很好的应用，因为其中存在地方和部门利益：如果草地发放补贴，那么这块区域就是草地；如果林业发放补贴，那么这一块就是树林。但是很多地方实际是树林里也有草，草地里也长树，尤其是西北阿拉善那边大面积长骆驼刺，是灌木，那就是林地，但它也有草，虽然比较稀疏。所以地方上报数据中林地和草地数据相加，远远大于普查的数据。虽然不能去影响当地的业绩和积极性，但是作为政府部门机关机构应该清楚这一点，把补贴给老百姓，老百姓得实惠那是好事，但是心里应有一本账——承认测绘局的数据，了解真实情况，从而进行科学决策。

如果国家在政策协调、决策乃至行动上都是协调一致的，各个部门各司其职、各负其责，利益上不存在冲突。利益可以分为三个层次：第一是国家利益，第二是行业利益，第三就是小群体的利益。三者利益，最好能够兼顾，把维护大众、消费者的利益（也就是维护国家利益）放在第一位，兼顾行业的利益。同时还应注意减少人为造成不公平的政策制度。

4. 思考

4.1 从"天地图"与谷歌地图的优缺点比较看我国未来测绘地理信息发展方向

作为全球领先的测绘地理信息服务供应商，Google 公司推出的谷歌地图为全球各个地区提供电子地图服务，包括局部详细的卫星照片。此款服务可以提供含有政区和交通以及商业信息的矢量地图、不同分辨率的卫星照片和可以用来显示地形及等高线的地形视图。具体有如下功能：3D 功能、谷歌地球、天气图层、语音搜索、店铺内部展示功能、谷歌地图公交线路功能、室内地图功能等。

谷歌地球（Google Earth，GE）是一款由 Google 公司开发的虚拟地球仪软件，它把卫星照片、航空照相和 GIS 布置在一个地球的三维模型上。谷歌地球的主要功能：

（1）结合卫星图片和地图，以及强大的 Google 搜索技术，全球地理信息就展现在人们的眼前；

(2) 可以实现从太空漫游到邻居一瞥；

(3) 在上面，可以自己驾驶飞机飞行，还可以看火星和月球等；

(4) 能搜索学校、公园、餐馆、酒店，还能够提供实时的天气功能；

(5) 添加自己的注释，保存和共享搜索和收藏夹；

(6) 提供 3D 地形和建筑物，其浏览视角可以支持倾斜或旋转；

(7) 从上面可以轻易获取驾车指南；

(8) 目的地输入，直接放大，还可以测量长度、高度。

"天地图"与 Google Earth 对比的优点：

(1) 覆盖范围比 Google Earth 要大，信息量较 Google Earth 而言更多，而且详细；

(2) 能够直接实现大多数偏远地区的定位，而 Google Earth 一般不可以，需要定位到市区，然后放大查找；

(3) 稍微偏僻一点的乡村，"天地图"影像较 Google Earth 而言是很模糊，但在大城市里"天地图"的分辨率要比 Google Earth 高，信息也较丰富；

(4) 看的地方多，很多县级以下的镇和村都能看见，但是只能放大到 500M 的高度；

(5) "天地图"和 Google Earth 一样可以在线查看矢量地图、卫星地图、三维地图，而且"天地图"开发的公交线路的查询、最佳驾驶线路、测量距离、测量面积、添加标注很方便实用。

"天地图"与 Google Earth 对比的缺点：

（1）速度慢，卡壳现象较严重，流量监测显示是 Google Earth 的两倍；

（2）"天地图"在色彩处理上不太理想，给人凌乱而粗糙的感觉；而 Google Earth 的整个版面和色彩看起来很舒服；

（3）就局部地区的卫星图而言，在放大图上，看不到成像时间显示，实用价值较低，在图像放大倍数上，与 Google Earth 相差甚远；

（4）中国以外的地方没有办法查看；

（5）资料较老，和 Google Earth 以及搜狗地图的卫星图有大量相同之处。

从上面的对比可以看出"天地图"与 Google Earth 仍然存在很大的差距。然而这并不意味着"天地图"一无是处，和 Google Earth 相比也有很多优点。它主要适用于我国国内的、实际的、可信的、统一的地理信息服务系统，它是我国自主研发的品牌，就像北斗卫星导航系统一样，象征着我们的不断进步，虽然"天地图"不够完善，但这也是一种进步。同时，也说明我国在这方面的科学研究与国外先进水平相比仍有差距，仍需不断努力使"天地图"成为数据最鲜活、使用最便捷、查询最快速、功能最齐全、应用最广泛、百姓最信赖的综合地理信息搜索服务网站。

4.2　探讨谷歌地图在传染病空间聚集性分析中的应用，探索创新型的跨界应用

据有关报道，谷歌地图及其地理译码技术在传染病空间聚集性分析中具有广阔的应用前景，以社区（行政村）为单位进行空间聚集性

分析具有可行性和现实意义。具体做法是利用谷歌地图的地理译码技术和计算几何算法以及文本解析方法，将宁波市镇海区 2005—2010 年结核病的报告数据和模拟数据，转换成以社区（行政村）为单位的发病统计数据，以此为基础利用 Sa TScan 进行扫描统计分析，发现镇海区蛟川街道 2005—2010 年具有明显的结核病空间聚集性现象，而以行政村为单位的聚集性分析更精确地给出主要聚集区位于中官路村、五里牌村和俞范社区等行政村。

指导人：刘辉　执笔人：朱明

参考文献

[1] Murphy, M., Arenas, D. and Batista, J. (2015). "Value creation in cross-sector collaborations: The roles of experience and alignment". Journal of Business Ethics, 130, 145–162.

[2] Weber, C., Weidner, K., Kroeger, A., & Wallace, J. (2017). Social Value Creation in Inter - Organizational Collaborations in the Not - for - Profit Sector - Give and Take from a Dyadic Perspective. Journal of Management Studies. Volume 54, Issue 6, 929–956.

[3] Wassmer, U., Sali, l. and Madhok, A. (2017). 'Resource ambidexterity through allianceportfolios and firm performance'. Strategic Management Journal, 38, 384–394.

[4] Lee, D., Kirkpatrick-Husk, K., & Madhavan, R. (2017). Diversity in alliance portfolios and performance outcomes: a meta-analysis. Journal of Management, 43(5), 1472–1497.

[5] Hagedoorn, J., Lokshin, B., & Zobel, A. K. 2017. PARTNER TYPE DIVERSITY IN ALLIANCE PORTFOLIOS: MULTIPLE DIMENSIONS, BOUNDARY CONDITIONS AND FIRM INNOVATION PERFORMANCE. Journal of Management Studies.

[6] J. Gu et al., The architecture of the mammalian respirasome. Nature, 2016.

[7] AiminYan and Meryl ReisLouis. The migration of organizational functions to the work unit level: Buffering, spanning, and briong up boundaries[J]. Hman

Relations, 1999, 52(1): 25–47.

[8] Kostas Galankis. Innovation process: Make sense using systems thinking[J]. Tech Innovation, 2006 (26): 1222–1232.

[9] Lucas Robert E. Jr. On the Mechanics of Economic Development[J]. Journal of Monetary Economics, 1988, 22(July): 3–42.

[10] Lundvall B A. National systems of innovation: Towards a theory of innovation and interaction learning [M]. New York: Pinter, 1992.

[11] N. Rosenberg. Factor Affecting the Diffusion of Technology[J]. Explorations in the Economic History, 1972 (10): 3–33.

[12] R. Nelson and E. Phelps. Investment in Humans, Technological Diffusion, and Economic Growth[J]. American Economic Review, 1966, (61): 69–75.

[13] Romer, Paul M. Endogenous Technological Change[J]. Journal of Political Economy, 1990，98(10): 71–102.

[14] Schumpeter J A. The Theory of Economic Development[M]t. Cambridge, MA: Harvard University, 1912.

[15] Solow R M. Technical change and the aggregate production function[J]. The Review of Economics and Statistics, 1957, 39(3): 312–320.

[16] 陈兴淋. 组织边界的理论及其作用 [J]. 学术界，2008, 129(2): 84–88.

[17] 方卫华. 创新研究的三螺旋模型：概念、结构和公共政策含义 [J]. 自然辩证法研究，2003, 19(11): 69–78.

[18] 李晓青. 企业的组织边界：基于不同理论视角的重新审视 [J]. 改革与战略，2009, 25(9): 145–147, 165.

[19] 刘辉. 认同理论 [M]. 2017，北京：知识产权出版社.

[20] 罗珉. 论后现代组织的概念与边界 [J]. 外国经济管理，2004, 26(4): 10–13.

[21] 屠兴勇. 知识视角的组织：概念、边界及研究主题 [J]. 科学学研究，2012, 30(9): 1378–1387.

[22] 吴晓波，吴东. 论创新链的系统演化及其政策含义 [J]. 自然辩证法研究，2008,

24(12): 58-62.

[23] 许庆瑞, 吴志岩, 陈力田. 转型经济中的企业自主创新能力演化路径及驱动因素分析 [J]. 管理世界, 2013(4): 121-134.

[24] Solo C S. Innovation in the capitalist process: a critique of the Schumpeterian theory[J]. Quarterly Journal of Economics, 1951, 65(3): 417-428.

[25] Nelson R., Winter S. G. In search of a useful theory of innovation[M], Research Policy, 1977.

[26] Turkenburg W. C. The innovation chain: Policies to promote energy innovation [M]. New York: UN Publications, 2002: 137-172.

[27] Foxon T. J. Inducing innovation for a low carbon future: Drivers, Barriers and policies [R]. London Trust, 2003: 1-56.

[28] Freeman C. Networks of innovators: S Synthesis of research issues[J]. Research Policy, 1991 (20): 499-514.

[29] 王大洲. 企业创新网络的进化与治理: 一个文献综述 [J]. 科研管理, 2001 (5): 96-103.

[30] Imai K and Baba Y. Systemic innovation and crues-border networks: Transcending markets and hierarchies to create a new techno-economic system. OECD(1991). Technology and productivity: The challenge for economic policy. OECD, Paris, 1989.

[31] Nonaka I and Takeuchi H. The knowledge -creating company: How Japanese companies create the dynamics of innovation[M]. London: Oxford University Press, 1995.

[32] 马琳, 吴金希. 全球创新网络相关理论回顾与研究前瞻 [J]. 自然辩证法研究, 2011, 27(1): 109-114.

[33] PCAST. Sustaining the national's innovation ecosystems, information technology manufacturing and competitiveness[R], 2004.

[34] PCAST. Sustaining the national's innovation ecosystems: Maintaining the

strength of our science & engineering capabilities[R], 2004.

[35] 张军, 许庆瑞. 知识积累、创新能力与企业成长关系研究 [J]. 科学学与科学技术管理, 2014, 35(8): 86–95.

[36] Ritala P, Huraelinna-laukkanen P. Icremental and radical innovation in coopetition: The role of absorptive capacity and appropriability [J]. Journal of Product Innovation Management, 2013, 30(1): 154–169.

[37] Amara N, Landry R. Sources of information as determinants of novelty of innovation in manufacturing firms: evidence from the 1999 statistics Canada innovation survey[J]. Technovation, 2005, 25 (3): 245–259.

[38] Nieto M J, Santamaria L. The importance of diverse collaborative networks for the novelty of product innovation [J]. Technovation, 2007, 27(6): 367–377.

[39] 陈建勋, 凌媛媛, 王涛. 组织结构对技术创新影响作用的实证研究 [J]. 管理评论, 2011, 23(07): 62–71.

[40] 王继承（国务院发展研究中心企业研究所研究室副主任、研究员）, 兰德公司人力资源"矩阵式"管理经验, 中国经济时报 2012 年 9 月刊.

[41] 王继承, 冯巍. 合格的政分析家是怎样炼成的——兰德公司的人力资源管理. 中国发展观察, 2012(9): 22–27.

[42] 杨瑞仙, 权明喆, 魏子瑶. 国外一流智库运行机制现状调研及启示. 情报理论与实践, 2017, 40(12): 29–34.

[43] Firestone F A. 1933. A new analogy between mechanical and electrical system. AcoustSocAmer[J], 4: 249–267.

[44] Hixson E. 1976. Mechanical Impedance, Shock and Vibration Handbook[M]. 2nd edition. New Jersey: Addison-Wesley.

[45] Smith M C, Wang FC. 2004. Performance benefits in passive vehicle suspension employing inerters[J]. VehicleSystem Dynamics, 42(4): 235–257.

[46] Chen Michael Z Q, Papageogiou Christos, Scheibe Frank, et al. 2009. The missing mechanical circuit element[J]. IEEE Circuits and Systems Magazine,

9(1): 10–26.

[47] 廖柏淮. 2006. 被动式机械系统之络路实现——惯质与线性矩阵不等式在火车悬吊系统上之应用 [D]: [硕士]. 台北：台湾大学, 2006.

[48] Papageorgiou C, Smith M C. 2006. Positive real synthesis using matrix inequalities for mechanical networks: application to vehicle suspension[J]. IEEE Trans. Control System Technology, 14(3): 423–435.

[49] Evangelou S, Limebeer D J N, Sharp R S.2007. Mechanical steering compensators for high-performance motorcycle[J]. Journal of Applied Mechanics, (74): 332 –346.

[50] 陈龙, 张孝良, 江浩斌等. 基于机电系统相似性理论的蓄能悬架系统 [J]. 中国机械工程，2009，20(10): 1248–1250.

[51] 张孝良. 理想天棚阻尼的被动实现及其在车辆悬架中的应用 [D]: [博士]. 镇江：江苏大学，2012.

[52] 陈龙, 杨晓峰, 汪若尘等. 基于二元件 ISD 结构隔振机理的车辆被动悬架设计与性能研究 [J]. 振动与冲击，2013，32(6): 90–95.

[53] 李川, 王时龙, 张贤明等. 一种含螺旋飞轮转换器的悬架的振动控制性能分析 [J]. 振动与冲击，2010，29(6): 96–100.

[54] 杜甫, 毛明, 陈轶杰等. 基于动力学模型和参数优化的 ISD 悬架结构设计及性能分析 [J]. 振动与冲击，2014，33（6）: 59–65.

[55] 王乐. 液力惯容器及其在车辆上应用的探索研究. [D]: [硕士]. 北京：中国北方车辆研究所，2016.

[56] 胡丹桂. "天地图"和 Google Earth 的对比 [J]. 无线互联科技，2015(03): 84–85.

图书在版编目（CIP）数据

跨界创新：原理、方法与实践/刘辉著. -- 北京：
人民日报出版社，2018.7
ISBN 978-7-5115-5580-9

Ⅰ.①跨… Ⅱ.①刘… Ⅲ.①技术革新-研究-中国 Ⅳ.①F124.3

中国版本图书馆CIP数据核字（2018）第149749号

书　　名：	跨界创新：原理、方法与实践
作　　者：	刘　辉
出版人：	董　伟
责任编辑：	陈　红　黄慧琳
封面设计：	主语设计
版式设计：	大有图文
出版发行：	人民日报出版社
社　　址：	北京金台西路2号
邮政编码：	100733
发行热线：	（010）65369509　65369527　65369846　65363528
邮购热线：	（010）65369530　65363527
编辑热线：	（010）65369844
网　　址：	www.peopledailypress.com
经　　销：	新华书店
印　　刷：	大厂回族自治县彩虹印刷有限公司
开　　本：	710mm×1000mm　1/16
字　　数：	177千
印　　张：	16
印　　次：	2018年8月第1版　2018年8月第1次印刷
书　　号：	ISBN 978-7-5115-5580-9
定　　价：	39.80元